Parkside Federation Academies Library
excellence | innovation | collaboration
CW01655657
Parksi[illegible]
This boo[illegible]
Please look after this book.
Parkside

Parlons immigration

en 30 questions

François Héran

directeur de recherche
à l'Institut national d'études démographiques

La **documentation** Française

DOC' EN POCHE
ENTREZ DANS L'ACTU

Responsable de la collection
Isabelle Flahault

Titre dirigé par
Christine Fabre

Secrétariat de rédaction
Martine Paradis

Conception graphique
Sandra Lumbroso
Bernard Vaneville

Mise en page
Eliane Rakoto

Édition
Bernadette Bouvattier

Promotion
Stéphane Wolff

Avertissement au lecteur
Les opinions exprimées n'engagent que les auteurs.
Ces textes ne peuvent être reproduits sans autorisation.

Celle-ci doit être demandée à :
Direction de l'information légale et administrative
29, quai Voltaire
75344 Paris cedex 07

« En application du Code de la propriété intellectuelle du 1er juillet 1992, une reproduction partielle ou totale à usage collectif de la présente publication est strictement interdite sans autorisation de l'éditeur. Il est rappelé à cet égard que l'usage abusif de la photocopie met en danger l'équilibre économique des circuits du livre. »

© Direction de l'information légale et administrative, Paris, 2012.
ISBN : 978-2-11-008788-1

Sommaire

L'auteur présente le sujet, son actualité, et l'illustre de faits, de lois, de chiffres, de comparaisons internationales

1 question = 1 double-page de réponse

Une interaction avec les internautes : la mise en ligne, lors de la parution de l'ouvrage, des réponses à une sélection de questions

Pour aller + loin : les principaux livres et sites internet

Panorama

Panorama

Contrôle de l'espace Schengen lors du « Printemps arabe », double nationalité, vote des étrangers aux élections locales, travail des étudiants étrangers en fin d'études… De mois en mois, les Français voient s'ouvrir un nouveau volet de la question migratoire. Comment s'orienter dans ce débat désormais élargi à toute l'Europe ?

Un point de fixation révélateur : l'embauche des étudiants étrangers

Le 31 mai 2011, les ministres français de l'Intérieur et du Travail ont signé, au nom de la lutte contre le chômage, une circulaire appelant leurs services à un surcroît de vigilance dans l'octroi des « changements de statut » aux étudiants étrangers désireux de travailler en France à l'issue de leurs études. À l'été 2011, l'application de cette circulaire a provoqué les premiers rejets, dont le nombre s'est bientôt compté par centaines (640 en octobre). Les grandes écoles réagirent aussitôt, de même que les associations d'étudiants. Le Premier ministre voulut les rassurer en réaffirmant l'intérêt de la France pour les étudiants étrangers de haut niveau. Le ministre de l'Intérieur a rappelé que la circulaire ne changeait rien à la loi. Simplement, les dossiers seraient examinés désormais au « cas par cas ». Le 4 janvier 2012, le ministre de l'Intérieur a annoncé la publication d'une circulaire complémentaire qui devrait assouplir la précédente. Quelle qu'en soit l'issue, la controverse appelle une série d'observations plus générales.

Recruter des étudiants étrangers en fin d'études : la loi de 2006

Depuis la loi de 2006 sur le contrôle de l'immigration, les étudiants étrangers peuvent obtenir en fin d'études une première embauche de six mois en France avec un titre de séjour « salarié ». Le chômage local n'est pas une raison de refus. Trois conditions sont à remplir : être titulaire d'un master ou d'un doctorat, obtenir un poste conforme à la formation reçue et recevoir un salaire assez élevé pour éviter le *dumping* social (emploi à bas prix d'étrangers non soumis aux mêmes conditions que les nationaux et leur faisant de ce fait une concurrence déloyale). Le nombre de demandes satisfaites en 2010 avoisinait 6 000.

L'immigration : une multiplicité d'acteurs et d'approches

Ce qui frappe en premier lieu, c'est la diversité des acteurs. Des ministres envoient des consignes à leurs bureaux, mais d'autres acteurs interviennent, avec leur propre logique : étudiants étrangers, universités, grandes entreprises, agences de prospection des étudiants internationaux. Sans oublier les économistes du travail et les journalistes.

En France comme ailleurs, les ministères concernés ne manquent pas : Intérieur et/ou Immigration, Affaires étrangères, Justice, Travail et Affaires sociales, Enseignement supérieur... Une coordination s'impose mais aucun ministère ne saurait maîtriser toutes les facettes du problème. Les chercheurs eux-mêmes ont fort à faire pour aborder ce « phénomène total » qu'est la migration, à la fois géographique, démographique, économique, juridique, culturel et politique.

Le droit de la migration est lui-même un mille-feuille. Au sommet de la hiérarchie figurent les conventions internationales, les traités bilatéraux et les décisions du Conseil constitutionnel. Vient ensuite le dégradé habituel des textes : lois, décrets, arrêtés, circulaires, instructions. Dans la pratique, au plus près des personnes, des bureaux souvent engorgés doivent trancher dans l'urgence.

Rationalité économique et priorité nationale

En l'occurrence, deux logiques s'opposent. D'un côté, la logique purement économique du marché des hautes qualifications (recherche, ingénierie, management, consultance…). À ce niveau, la sélection des talents ne connaît pas de frontières. De l'autre, la logique politique, axée sur des impératifs nationaux, dont celui de réduire le chômage de masse dans son pays.

Faut-il le rappeler ? La préférence nationale existe en droit français. La fonction publique est réservée aux nationaux, et aux ressortissants de l'Union européenne pour certains postes. Depuis la crise des années 1930, nombre de professions libérales (avocats, architectes, sages-femmes…) et marchandes (débitants de boissons, dirigeants d'entreprises de surveillance, courtiers d'assurance…) sont fermées aux étrangers (désormais, aux étrangers non européens). Les partisans du *statu quo* ont un argument de poids : ces interdits constituent pour les étrangers une puissante incitation à s'intégrer en demandant leur naturalisation. Ce raisonnement se retrouve dans la controverse sur l'accès des étrangers au droit de vote.

La fonction publique entrouverte aux étrangers

La loi du 26 juillet 2005 a intégré au droit français diverses mesures portant sur la fonction publique. Elle permet aux ressortissants de l'Union européenne d'occuper des postes dans la fonction publique française qui n'impliquent pas l'exercice de la souveraineté ou ne font pas appel aux prérogatives de la puissance publique (armée, police, diplomatie…).

Par ailleurs, la loi avait déjà introduit des possibilités d'ouverture de la fonction publique aux étrangers pour les compétences de haut niveau. Leur sont ainsi accessibles les emplois de médecin hospitalier et de dentiste des hôpitaux (lois du 3 novembre 1976 et du 23 décembre 1980), de chercheur et d'enseignant-chercheur (lois du 15 juillet 1982 et du 26 janvier 1984). S'ils réussissent les concours, les candidats étrangers sont titularisés.

Impossible de débattre de l'immigration sans s'interroger sur la portée des chiffres. Les titres de séjour « compétences et talents » octroyés chaque année en France se comptent par centaines, les immigrés et leurs enfants par millions. Dans l'entre-deux, s'échelonnent tous les ordres de grandeur. Il faut savoir les parcourir pour apprécier les retombées d'un événement ou d'une décision. Essayons de remonter cette échelle à partir de l'exemple français.

Les titres de séjour pour qualifications rares : quelques milliers par an

Chaque année, le rapport du Gouvernement au Parlement sur les orientations pluriannuelles de la politique de l'immigration et de l'intégration de la France classe les 200 000 entrées légales de migrants non européens par grandes catégories. Il détaille les qualifications rares : 200 artistes, 400 cartes « compétences et talents » (pour les étrangers ayant un projet en lien avec une compétence ou un talent qui a un intérêt direct ou indirect pour la France et le pays d'origine), 2 300 scientifiques…

Pour qui s'intéresse aux qualifications de pointe, admettre à un premier emploi 6 000 diplômés étrangers de niveau master par an, c'est beaucoup. C'est même la première voie d'entrée en France pour la migration hautement qualifiée, tant les autres canaux sélectifs sont peu utilisés. Réduire cette migration de haut niveau de moitié, par exemple, serait une véritable ponction. En revanche, si l'on regarde le chiffre des 2,8 millions de chômeurs que compte le pays, cette réduction de 3 000 entrées n'apporterait seulement qu'un millième de la solution.

Ainsi, un chiffre ne s'apprécie jamais dans l'absolu ; sa valeur est fonction de l'objectif poursuivi.

L'immigration professionnelle : 20 000

20 000 immigrants professionnels enregistrés chaque année en France, est-ce beaucoup ? C'est forcément plus qu'avant la loi de 2006, qui a rouvert cette voie d'accès fermée depuis 1974. Mais c'est dix fois moins que les lauréats du « système à points » conçu par le Canada pour attirer les migrants qualifiés. C'est quatre fois moins que les 80 000 entrées en France au titre de l'immigration familiale. Au printemps 2011, le ministère de l'Intérieur a annoncé la réduction, de 10 % si possible, du flux des 20 000 entrées professionnelles. Il referme ainsi le canal d'« immigration choisie » ouvert par la loi de 2006.

Dans le même temps, une autre voie reste ouverte : les migrants entrés en France pour d'autres motifs que le travail (famille, asile, études) ont ensuite le droit de chercher un emploi. Avec les enfants qui les accompagnaient et qui atteignent l'âge requis, ces « entrées différées » sur le marché de l'emploi sont estimées à 100 000 par an environ. C'est cinq fois plus que la migration professionnelle « choisie ».

L'immigration familiale

Malgré les lois visant à réprimer les abus, l'immigration familiale légale vers la France évolue peu depuis cinq ans (80 000 personnes par an), en particulier parce que sa principale composante (50 000 personnes) est alimentée par des citoyens français – souvent immigrés naturalisés ou enfants d'immigrés – qui ont le droit de choisir leur conjoint hors d'Europe et de le faire venir en France.

Les entrées légales : 200 000

Un cran plus haut, voici le chiffre de l'immigration sans doute le plus commenté en France : les 200 000 entrées annuelles légales de migrants non européens. On entend dire parfois – et cela impressionne – que c'est l'équivalent de la ville de Rennes. À ce compte, il naît chaque année en France l'équivalent de la ville de Marseille, il meurt l'équivalent de celle de Lyon, et les nouveaux cas annuels d'Alzheimer correspondent à la population de Lille. Un tel comptage n'a pas sa place en statistique. Ce qui compte, ce sont les rapports. Or 200 000 entrées par an, c'est un accroissement de la population française de 0,32 % (les démographes disent 3,2 ‰). On aimerait les comparer aux sorties et aux décès de migrants, mais leur nombre n'est pas connu. On peut cependant les confronter à ces autres « entrées » que sont les 800 000 naissances annuelles en France : c'est quatre fois moins.

Les ordres de grandeur de l'immigration en France

À l'échelle de la population française (qui se compte en dizaines de millions), les flux d'entrées annuels sont quasiment invisibles. Il faut passer à l'échelle des milliers pour les dénombrer (graphique). Même à ce niveau, leur visibilité reste encore très inégale.

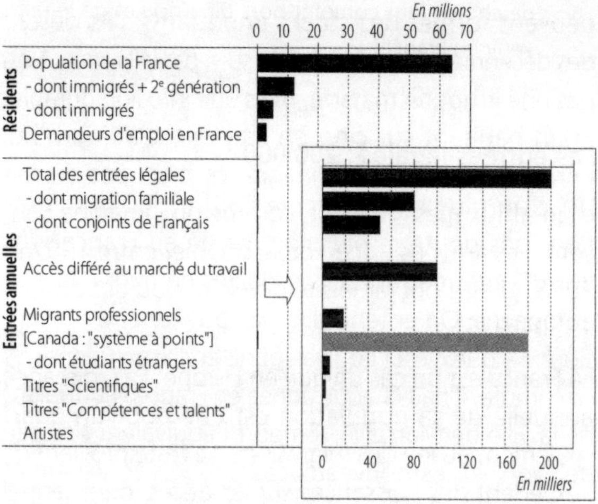

Les immigrés et leurs enfants : douze millions

Reste le dernier changement d'échelle, le moins bien compris. Il consiste à passer des entrées annuelles de migrants à la présence cumulée des immigrés et de leurs familles sur le territoire. La France comptait en 2008 plus de 5 millions d'immigrés (dont 40 % de

Français) et environ 6,5 millions d'adultes ou d'enfants ayant au moins un parent immigré (dont 92 % de Français). Réunies, les deux générations (immigrés et enfants d'immigrés) forment 20 % de la population en métropole. Comment concilier la moyenne nationale, impressionnante, avec la modestie des flux annuels ?

Nulle contradiction pourtant. Des flux modérés peuvent former des stocks importants s'ils durent des décennies. C'est le modèle suivi par la France. Non pas une irruption massive, mais une infusion durable. Si un habitant sur cinq en France est aujourd'hui immigré ou enfant d'immigré, ce n'est pas du fait d'un afflux massif récent, comme on l'imagine souvent. Les arrivées ont eu beau doubler entre 1997 et 2005, elles n'ont jamais rejoint le niveau des années 1950-1975.

La France est un cas unique en Europe. La croissance annuelle de sa population est due pour un quart seulement au jeu des migrations. Le reste provient de l'excédent des naissances sur les décès, dans lequel l'immigration des années passées intervient seulement pour un sixième. Un quart de l'accroissement annuel, c'est peu. Mais cela suffit pour qu'à la longue les immigrés et leurs familles forment une composante substantielle du peuple français.

Ce que les Français coûtent aux Français

Sur la question sensible du « coût de l'immigration », une erreur consiste à confondre les deux dernières échelles.

L'État remplit sa mission quand il chiffre le coût des opérations d'accueil et d'intégration des nouveaux venus : apprentissage du français, hébergement des demandeurs d'asile, soins aux migrants clandestins, mais aussi reconduites aux frontières, contentieux administratifs… Ces comptes sont dressés chaque année dans le rapport du Gouvernement au Parlement sur la politique migratoire.

Tout autre est le calcul échafaudé parfois sur ce que pourrait « nous » coûter l'existence des « autres », qu'ils soient étrangers, naturalisés ou membres de la seconde génération. Passer des nouveaux entrants aux populations accumulées depuis des décennies (des flux aux stocks, dans le langage cru des comptables), c'est changer d'échelle : on atteint sans peine quelques dizaines de milliards d'euros. Mais quel sens y a-t-il à chiffrer ce que coûtent 20 % de la population aux 80 % restants ? À la génération suivante, un tiers de la population est concerné. Encore une et c'est la moitié. Non seulement les comptes de l'État ne distinguent pas les origines sur plusieurs générations, mais la frontière entre « eux » et « nous » se perd. Le chiffrage tente de la raviver au prix d'hypothèses invérifiables, oubliant que les deux composantes sont liées par l'usage commun des services et l'entrelacs des cotisations, taxes et transferts. Que découvre-t-on en fin de compte ? Que les Français coûtent aux Français. Que nous sommes tous débiteurs et créanciers.

Traitement uniforme contre examen au « cas par cas » ?

Autre question récurrente : faut-il réguler l'immigration sur un mode uniforme ou au « cas par cas » ? Deux philosophies s'opposent. En France, les associations d'aide aux migrants invoquent le principe d'égalité. Elles jugent arbitraire l'examen individuel des dossiers dans des guichets départementaux. Pour les migrants illégaux, par exemple, elles réclament une régularisation générale sur des critères uniformes. Mais les autorités y voient un dispositif aveugle, propice aux détournements de procédure et susceptible de provoquer un appel d'air, c'est-à-dire l'arrivée de plus de migrants. Elles tiennent donc à régulariser uniquement au cas par cas.

Un débat analogue porte sur les « éléments d'assimilation » que doivent présenter les personnes qui sollicitent la nationalité française (naturalisation). Leur appréciation est désormais à la discrétion des préfets. Rupture d'égalité pour les associations. Garantie de maîtrise pour le Gouvernement.

Régulariser « au fil de l'eau » ?

En France, la régularisation « au fil de l'eau » mise en œuvre par la loi de 1998 (ou loi Chevènement) se situait à mi-chemin entre traitement de masse et examen individuel. Elle accordait le droit de séjour aux migrants illégaux pouvant justifier de dix ans de résidence et, au-delà, à tous les postulants dont les liens personnels et familiaux en France étaient tels que le refus de séjour aurait porté « une atteinte disproportionnée » à leur droit de vivre en famille. Les cartes de séjour « vie privée, vie familiale » distribuées à ce titre progressèrent fortement à partir de 1998. Revenue au pouvoir en 2002, l'opposition dénonça cette « prime à l'illégalité » et l'« appel d'air » ainsi créé. La loi de 2006 a fait prévaloir le principe de la régularisation au cas par cas.

Aux Pays-Bas, les positions s'inversent. Les associations préfèrent le traitement des demandes d'asile au cas par cas. Elles jugent plus humaine une procédure qui prend en compte des personnes. En revanche, le Gouvernement préfère l'automaticité d'une règle générale.

Aux Pays-Bas : l'« affaire Mauro »

Mauro, un jeune réfugié angolais, accueilli aux Pays-Bas comme mineur isolé à l'âge de neuf ans et parfaitement intégré par la suite, devait être renvoyé dans son pays d'origine à sa majorité. Sous la pression de l'opinion publique, le Parlement organisa un vote sur son cas (1er novembre 2011). Au nom du respect de la loi, il a refusé le statut de réfugié au jeune Mauro, qui a finalement obtenu un visa d'études d'un an... Ce n'est qu'un cas parmi des milliers. Mais les médias lui avaient donné un visage, offrant ainsi à l'opinion publique la possibilité d'examiner son cas personnel.

L'intégration, un défi aussi pour la société qui intègre

Se pose alors la question centrale de l'intégration des immigrés. Se fait-elle à la longue ou faut-il hâter le processus en exigeant de chaque entrant qu'il s'engage à s'intégrer ? Il allait de soi, naguère, que l'intégration prenait du temps. Si les travailleurs immigrés peinaient à parler le français (y compris les Européens), ce n'était plus le cas de leurs enfants, socialisés sur place. Ce processus se vérifie encore dans les enquêtes : en matière de logement, de langue, de vie sociale, les premiers facteurs d'intégration restent l'âge précoce d'arrivée et le passage des générations.

Pour l'emploi, c'est différent : la seconde génération, à l'inverse de la première, s'est présentée sur le marché du travail au moment où s'installait le chômage de masse. Les enfants de l'immigration maghrébine et africaine subissent de plus une discrimination à l'embauche. Il est avéré qu'à diplôme égal, ils ont moins de chances d'être recrutés.

Dans le domaine des valeurs, des signes préoccupants de repli sont apparus. L'enquête du Cevipof (Centre de recherches politiques de Sciences Po), de 2005, sur les Français d'origine immigrée atteste un vigoureux mouvement de « réislamisation » chez les 18-24 ans. Celui-ci accentue l'intolérance : refus du mariage des filles avec un non-musulman, rejet de l'homosexualité, antisémitisme... La tendance à chercher son conjoint au pays d'origine alors qu'on appartient à la seconde génération naturalisée ne peut que ralentir le processus d'intégration.

Les défis à relever ne manquent donc pas. En premier lieu, s'intégrer n'a de sens que si la société d'accueil présente elle-même un degré suffisant d'intégration. Or le creusement des inégalités sociales met en cause l'intégration du corps social tout entier. De plus, les nouveaux migrants se concentrent aux périphéries des grandes villes. Par exemple, en 2006, la seule commune de Saint-Denis, au nord de Paris, a attiré plus de 5 % des migrants algériens entrés en Île-de-France depuis cinq ans. Cette situation fait reposer la part la plus importante de la charge de l'intégration sur les milieux populaires et les petites classes moyennes. La politique de « mixité sociale » est en panne, car les communes les plus aisées préfèrent souvent payer des taxes plutôt que d'y prendre leur part.

La loi SRU ou l'échec de la mixité sociale

Votée à l'unanimité en 2000, la loi SRU (solidarité et renouvellement urbains) a imposé aux communes d'une certaine taille appartenant aux grandes agglomérations de porter à 20 % la part des logements sociaux. Mais sa portée est réduite car les communes peu intéressées par la « mixité sociale » peuvent se soustraire à cette obligation en payant une taxe annuelle.

L'intégration ou le devoir de respecter les droits

Dernier défi, « les droits et les devoirs ». L'opinion attend de plus en plus des immigrés qu'ils équilibrent ces deux éléments. Mais il faut être précis. Sur le plan juridique, il n'y a pas, d'un côté, des « droits de l'homme » imposés de l'extérieur par les conventions internationales et, de l'autre, des « devoirs » qu'il faudrait leur opposer pour protéger la souveraineté nationale. Que l'on soit citoyen ou étranger, affirmer les droits de l'homme, c'est affirmer le devoir de les respecter.

De ce fait, nul ne peut revendiquer des droits qu'il dénie à autrui. Cela implique de respecter les droits des proches, à commencer par les droits des femmes et des filles qui cherchent à s'émanciper. Pour les groupes concernés (et notamment les hommes habitués à « dominer »), cela peut signifier un véritable arrachement à la culture d'origine, surtout si elle est consacrée par la religion (et l'on songe au premier chef à l'islam). Mais c'est le prix à payer pour l'intégration, de la même façon que l'État laïc a dû se construire en contenant les ambitions de l'Église à organiser l'éducation, la vie publique et la vie intime.

L'envers du droit à la liberté religieuse est le libre examen des textes sacrés, le droit de changer de religion ou de ne plus en avoir. Épouser qui l'on veut est un droit qui alimente la « migration matrimoniale ». Il a pour contrepartie le respect des droits du conjoint et d'abord celui de rompre. On ne peut à la fois lutter contre la discrimination à l'embauche et s'accommoder de l'interdiction faite aux femmes de sortir, de poursuivre leurs études dans une autre ville, de prendre un emploi salarié ou de gérer leur budget de façon autonome.

Comme tout contrat, le « contrat d'accueil et d'intégration » conclu avec les nouveaux migrants implique des obligations pour les deux parties. Du côté des nationaux, les sujets de réflexion ne manquent pas. Parmi les plus cités : la mixité sociale dans l'habitat, le renforcement du système éducatif dans les zones de forte immigration, la diversification des élites dans les partis politiques (très avancée dans le nord de l'Europe), l'organisation de va-et-vient entre pays d'origine et pays d'accueil, les moyens juridiques et statistiques permettant de prouver l'existence des discriminations et de mieux les combattre. Autant de questions à débattre, que ce modeste ouvrage ne saurait trancher.

Questions-réponses

Étranger, immigré : quelle différence?

Étranger : un statut; immigré : un parcours

Est « étrangère » toute personne résidant en France qui ne détient pas actuellement la nationalité française. Un « immigré » est une personne née étrangère à l'étranger venue s'installer en France (pour un an au moins), qu'elle ait acquis ou non la nationalité française par la suite. 40 % des immigrés étant français, ces deux qualités ne peuvent être opposées. En toute rigueur, les seules distinctions possibles sont donc étranger/Français et immigré/natif.

Immigré, une catégorie sans valeur juridique...

Alors que la nationalité est un statut juridique, l'« immigré » est une catégorie bâtie à des fins d'étude. Elle comporte une composante juridique (la nationalité à la naissance) mais n'a aucune valeur juridique. Un immigré pouvant être français, aucun texte ne peut lui refuser un droit au motif qu'il est immigré. L'article 1er de la Constitution interdit d'ailleurs de différencier les droits des citoyens selon leurs origines.

... introduite en France en 1991

D'origine internationale, cette définition de l'immigré a été validée en 1991 par le Haut Conseil à l'intégration. Elle est appliquée par la statistique publique française. Aux États-Unis, on parle de *migrant* ou *immigrant*. En France, ces termes sont d'usage plus rare. Ils évoquent une migration en cours ou récente. Ils offrent aussi parfois un substitut noble au mot « immigré ».

« Immigré » : le cumul de trois critères

››› Juridique : la nationalité de la personne avant la migration. Géopolitique : le franchissement d'une frontière nationale. Temporel : une durée de séjour minimale.

Retirer des droits aux immigrés ? Deux exemples

››› Ne pas traiter différemment des citoyens français selon leurs origines : la loi déroge à ce principe quand elle prévoit la déchéance de nationalité pour les personnes ayant acquis la qualité de Français depuis moins de dix ans (art. 25 du Code civil), pour l'essentiel des immigrés. Elle l'a également enfreint en 1938 en refusant le droit de vote aux personnes naturalisées françaises depuis moins de cinq ans, mesure définitivement abolie en 1983.

Et les enfants d'expatriés ?

››› « Né étranger à l'étranger » équivaut à *foreign born* aux États-Unis : cela ne désigne donc pas les personnes nées à l'étranger de parents français expatriés. Valéry Giscard d'Estaing, né à Coblence (Allemagne) en 1926 d'un père français qui administrait la Ruhr, n'est pas un immigré. En revanche, c'était le cas de la journaliste Françoise Giroud, née à Lausanne (Suisse) de parents turcs et venue très jeune vivre en France.

Immigré pour la vie ?

Oui, mais uniquement à des fins d'analyse statistique
Alors qu'on peut changer de nationalité, la qualité d'immigré est permanente. Une fois naturalisé, vous êtes Français *de droit* (par votre nationalité) et immigré *de fait* (par votre histoire).
Depuis 1875, le recensement demande à chacun s'il est Français de naissance, Français par acquisition ou étranger. La statistique républicaine fait donc des différences entre les Français. Mais sur un mode anonyme, sans effet sur le sort des personnes.

Une notion à sauver malgré ses dérives
« Immigré » est aussi un vocable courant, souvent chargé négativement. Avant 1974, le débat public portait sur « l'accueil des travailleurs étrangers », censé ne pas durer. Mais ils sont restés, ont fondé une famille et la question majeure est devenue l'« intégration des immigrés ». Cette formule passe mal auprès des intéressés, parce qu'elle semble mettre en doute leur volonté d'insertion.
Les difficultés d'intégration sont cependant réelles. Pour les analyser, il faut comparer tous les parcours, y compris ceux des étrangers devenus Français, sans oublier les Français d'origine. La notion d'immigré permet cette comparaison.

Allochtoon, une innovation néerlandaise à double tranchant

››› Aux Pays-Bas, depuis 1989, le terme *allochtoon* (allochtone par opposition à autochtone) désigne l'ensemble formé par la première génération d'immigrés, la seconde, voire la troisième. La « politique des allochtones » décidée à cette époque voulait traiter en priorité des difficultés d'intégration des familles originaires du Surinam, de Turquie ou du Maroc. D'usage courant, cette expression est devenue péjorative. Elle a permis d'étudier très tôt le sort des secondes générations. Mais elle inspire aussi le sentiment décourageant qu'on reste « allochtone non occidental » de génération en génération, sans espoir de passer un jour « autochtone ».

L'approche de l'immigration et de l'intégration dans les questionnaires

››› En France, les questionnaires des démographes ou des sociologues relatifs à l'immigration évitent les mots « immigration » ou « immigré », en raison de leur sens multiple ou de leurs connotations négatives. On ne demande jamais à quelqu'un s'il est « immigré », on lui pose les questions qui permettent de reconstituer son parcours migratoire. L'approche est la même pour aborder les questions d'intégration ou de discrimination. Ceci n'exclut pas d'inviter ensuite la personne interrogée à émettre un jugement sur ces notions.

Combien d'immigrés en France?

Moins de 10 % de la population

L'Insee estime que 8,4 % des habitants de la métropole sont immigrés. Leur nombre est passé de 4 millions en 1982 à 5,2 millions en 2008, soit un tiers de plus en 25 ans. Cette augmentation est deux fois plus rapide que celle de la population native.

Même arrondi à 10 %, ce taux reste pourtant inférieur à celui de nombreux pays industrialisés : Suisse (23 % d'immigrés en 2008), Australie et Canada (21 %), Autriche (16 %), Espagne et États-Unis (14 %), Allemagne (13 % sans les « Allemands ethniques » venus de l'Est). La France est proche des Pays-Bas et du Royaume-Uni, loin des deux extrêmes que sont les pays du Golfe (70 % d'immigrés dans les Émirats!) et certains « géants démographiques » comme le Japon (1,7 % seulement), l'Inde (0,4 %) ou le Brésil (0,4 %).

Les enfants d'immigrés ne sont pas des immigrés

En France comme ailleurs, la pyramide des âges des immigrés a la forme étrange d'une toupie ou d'un as de pique, presque vide à la base. La raison en est simple : les enfants d'immigrés, s'ils sont eux-mêmes nés en France, ne sont pas des immigrés. Ils n'ont franchi aucune frontière. Il convient de les compter, mais à part. Ils représentent 3,1 millions de personnes (adultes de 18 à 50 ans).

Français, immigrés et étrangers en 2008

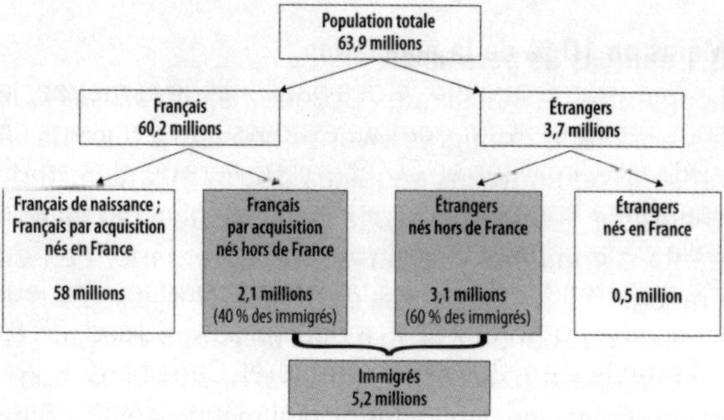

Source : Insee, *Recensement de la population 2008*, France entière.

Le retour des colonies

››› Depuis les années 1990, le sud de l'Europe attire des migrants de toutes origines (Ukraine, Roumanie, Albanie, Maroc, Colombie, Équateur, Brésil, corne de l'Afrique…). L'ensemble de la migration vers l'Union européenne s'est donc diversifiée.

Mais c'est l'inverse en France : depuis le tarissement des migrations ibériques (Espagne et Portugal), la part des ex-colonies du Maghreb et d'Afrique noire s'est renforcée, dans les flux d'entrée comme dans la population recensée.

La génération « 1,5 »

››› Un sociologue américain, Alejandro Portes, a créé l'expression « génération 1,5 » pour désigner les enfants d'immigrés qui ont migré dans leur enfance. Cette génération est marquée à la fois par le milieu d'origine et la société où elle a été scolarisée.

Combien de « secondes générations » ?

3,1 millions de personnes

Longtemps, la statistique publique ne connaissait que les enfants d'immigrés vivant chez leurs parents. À présent, de nouvelles enquêtes décrivent la « seconde génération » devenue adulte (appelée aussi « descendants d'immigrés », c'est-à-dire les enfants nés en France) : 11 % des adultes de 18 à 50 ans, soit 3,1 millions de personnes, ont au moins un parent immigré. La proportion est plus forte avant 18 ans, plus faible après 50. Réunies, les deux générations regroupent 20 % de la population adulte vivant en métropole.

Des enquêtes pour les connaître

La Commission nationale de l'informatique et des libertés (Cnil) autorise les enquêtes anonymes de la statistique publique et des instituts de recherche à inclure des questions sur le pays de naissance et la nationalité à la naissance des deux parents de la personne interrogée. Cela permet d'identifier les enfants d'immigrés. Les enquêtes ont porté sur différents domaines : Mobilité des immigrés (1992), Famille (1999), Emploi (2003), Formation et qualification (2004), Logement (2006), Trajectoires et origines (2008) ou les enquêtes Générations menées à la sortie du système scolaire. La France comble ainsi son retard sur d'autres pays européens.

Combien d'immigrés et d'enfants d'immigré(s) selon leur origine ?*

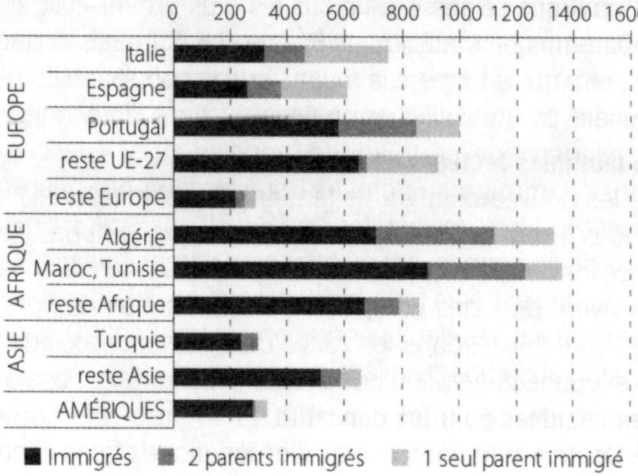

* En milliers, France métropolitaine, 2008.
Source : Ined/Insee, *Enquête Trajectoires et origines*, 2008.

Plus de seconde génération et de mixité dans les anciens courants migratoires

››› Dans les migrations de longue date aujourd'hui très ralenties (Italie, Espagne), beaucoup de parents sont déjà décédés : les adultes de la seconde génération sont plus nombreux, avec une majorité d'enfants de couples mixtes (un parent immigré, l'autre né en France). À l'opposé, les courants venus récemment de Turquie, d'Afrique de l'Ouest, d'Europe orientale ou d'Amérique comptent encore peu d'adultes de la seconde génération et très peu issus de couples mixtes. Entre ces deux extrêmes, les courants migratoires d'ancienneté moyenne, venus du Portugal et d'Algérie, occupent une position intermédiaire.

Où vivent les immigrés?

Fort déséquilibre régional

La concentration des immigrés et de leurs familles est très marquée dans les régions les plus urbanisées, les départements frontaliers, le Rhône et le Sud-Est. Il n'est pas rare qu'ils forment la majorité de la population communale, ce qui constitue un sérieux frein à l'intégration.

De multiples facteurs de localisation

Où les nouveaux migrants tendent-ils à s'installer? Les études livrent quatre réponses qui ne s'excluent pas les unes les autres : dans les bassins riches en emplois ; là où vivent déjà des compatriotes ; en fonction des prix de l'immobilier ; dans les zones de logements sociaux. La seconde génération desserre la concentration locale. Une étude de l'Ined d'avril 2011 montre que cette génération a tendance à quitter les quartiers de forte immigration.

La ségrégation, un phénomène encore peu étudié

Ces quatre facteurs de localisation varient selon la situation familiale, la charge d'enfants, l'ancienneté du séjour et la situation économique. Il faut les démêler avant de conclure à une « ségrégation spatiale », voire à une « discrimination ». Mais ces analyses sont encore rares en France, tant l'accès aux données fines du recensement reste difficile.

Une répartition inégale selon les régions

››› 12 % des immigrés turcs vivent en Alsace, 35 % des immigrés comoriens en Paca, 70 % des immigrés d'Afrique de l'Ouest en Île-de-France. Du coup, la part des immigrés dans la population varie fortement dans l'espace. Le maximum est atteint en Seine-Saint-Denis : 39 % d'immigrés et 36 % d'enfants d'immigrés, soit un total de 75 %. La moyenne de l'Île-de-France avoisine 17 % d'immigrés et 20 % d'enfants d'immigrés.

Part des immigrés en 2004-2005 par région

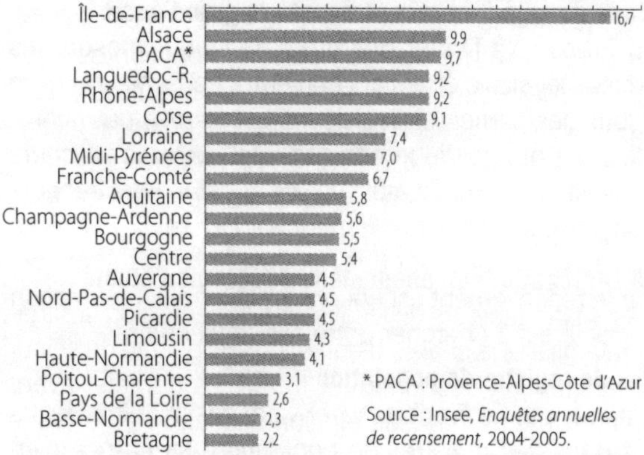

* PACA : Provence-Alpes-Côte d'Azur

Source : Insee, *Enquêtes annuelles de recensement*, 2004-2005.

Une immigration concentrée dans les quartiers précaires

››› Selon une enquête de l'Insee et de l'Ined (2008), 45 % des immigrés du Maghreb, de Turquie et d'Afrique subsaharienne vivent dans des quartiers précaires (c'est-à-dire les 10 % de quartiers les plus touchés par le chômage). Le taux commence à reculer pour la seconde génération (37 %). Il est inférieur à 10 % pour les Français nés de parents français.

›››››››

Comment les flux migratoires sont-ils mesurés ?

80 millions de visiteurs annuels, dont 200 000 immigrants

La France accueille 80 millions de visiteurs par an, dont environ 200 000 immigrants, soit 1 sur 400. Il y a deux manières d'isoler ce flux : compter les titres de séjour d'au moins un an, ou recueillir les déclarations des intéressés sur leur résidence « habituelle » en France.

Titres de séjour et recensement : le grand écart

En France, le fichier des titres de séjour mesure les entrées légales d'étrangers non européens. Mais la mise à jour des sorties et des décès est tardive ou incomplète, ce qui gonfle le nombre total de titres en cours de validité. Il excède ainsi de 29 % celui des étrangers adultes recensés annuellement par l'Insee : 2,2 millions au lieu d'1,7. Sachant que la couverture des étrangers par le recensement est encore améliorable, l'estimation correcte est à chercher entre ces deux chiffres.

Pas de registre de population

D'autres pays suivent les va-et-vient des migrants déclarés dans des registres de population. La France n'en dispose pas car le dernier Gouvernement à rendre obligatoire la déclaration du changement d'adresse a été celui de Vichy (1940-1944). Après son abolition à la Libération, les propositions de loi visant à la rétablir ont toutes échoué.

Des retours très mal connus

››› Les sorties de migrants depuis la France varient entre un quart et un tiers des entrées. Mais, faute de registres de population, cette estimation est fragile. Elle est fondée sur des éléments épars : permis de séjour non reconduits, immigrés ne figurant plus au recensement, migrations au sein de l'Union européenne connues par les enquêtes Emploi, recensements étrangers... L'Insee n'exploite pas ces sources de façon suivie. De gros progrès restent à faire en ce domaine.

Et le seuil de trois mois?

››› Un visa touristique expire au bout de trois mois. Au-delà, le séjour en France devient illégal. Mais s'il reste inférieur à un an, le démographe suit les préceptes de l'Organisation des Nations unies (ONU) et le laisse de côté. C'était le cas de la plupart des migrants de transit espérant gagner l'Angleterre depuis Sangatte (Pas-de-Calais). Entrés en France depuis quelques mois, ils n'affectaient pas le nombre total d'immigrés.

Les registres de population en Europe

››› Avec les États-Unis et la Grande-Bretagne, la France fait partie des pays sans registres de population. Dans le reste de l'Europe, tout résident déclare son arrivée et son départ dans un registre municipal, qui lui ouvre l'accès aux services sociaux, à l'école, etc. Sources de grande qualité, ces registres sous-estiment cependant les sorties de migrants, tant il est avantageux de rester inscrit.

Combien d'entrées en France chaque année ?

Environ 210000 sans les Européens

En France, le fichier des titres de séjour permet de dater la première apparition sur le territoire français des migrants réguliers, soit 210000 entrées par an environ. Il faut y ajouter les migrants originaires de l'Espace économique européen (UE + trois pays de l'Association européenne de libre échange, AELE) qui sont dispensés de titre depuis 2005. Leur flux est estimé à 55000 d'après les enquêtes de recensement.

Les entrées ont doublé entre 1997 et 2002, sous les Gouvernements Juppé et Jospin. Elles n'ont guère reculé depuis. Le Maghreb, l'Afrique de l'Ouest et la Chine pèsent surtout dans cette progression. Mais la hausse observée au même moment en Europe est plus forte encore, notamment dans les pays méditerranéens et les îles britanniques.

Des flux juridiquement très contraints

Entrouvert en 2007 (après la loi de 2006 autorisant l'« immigration choisie »), le recrutement direct de travailleurs en France joue un rôle modeste, de même que l'accueil des réfugiés. Viennent en tête les migrations estudiantines et les entrées de plein droit : conjoints de Français et regroupement familial demandé par un étranger. Les lois visant à lutter contre les abus de procédure ont assez peu modifié le volume et la structure des flux.

Les entrées de migrants africains depuis 1994

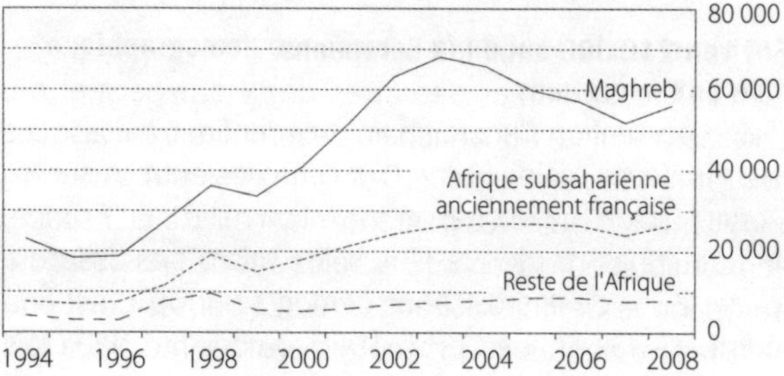

Source : Fichier des titres de séjour repris par l'Ined.

Pour quels motifs immigre-t-on en France ?

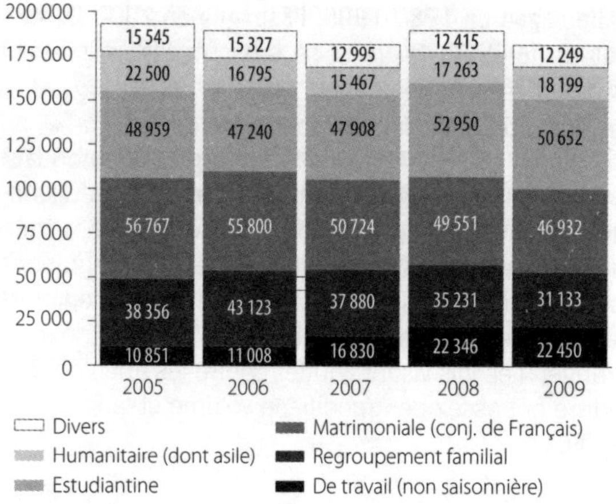

Sources : Rapport du Gouvernement au Parlement sur la politique migratoire (2011) et rapport du Système d'observation permanente des migrations (Sopemi), OCDE (2011).

›››››››

La France, pays d'immigration massive ?

Un quart seulement de la croissance démographique due aux migrations

Toute population s'accroît par l'excédent des naissances sur les décès (solde naturel) et celui des entrées sur les sorties (solde migratoire, ou migration nette). En France, la natalité est soutenue et le solde migratoire assure à peine 25 % de la croissance démographique. C'est peu comparé aux années 1955-1975, où des flux deux fois plus forts gonflaient les bidonvilles. Nos voisins (Allemagne, Suisse, Italie, Espagne) ont autant de décès que de naissances. Ils ne peuvent donc croître que par la migration.

Immigration massive : l'Allemagne en 1988-1995, l'Espagne en 2000-2009

Autour de 1990, le grand pays d'immigration massive en Europe était l'Allemagne. Dans les années 2000, le solde migratoire de l'Espagne a culminé à 15 ‰, six fois plus qu'en France. La paix retrouvée dans les Balkans et la croissance économique turque ont dégonflé le solde migratoire allemand. La crise a crevé la bulle migratoire espagnole. En hausse vers l'an 2000, le solde migratoire français s'est à nouveau stabilisé à moins de 100 000 migrants par an (1,5 ‰).

Non pas une « intrusion massive » mais une « infusion durable »

››› Un quart de la croissance démographique assurée chaque année en France par le solde migratoire, c'est modeste. Même si on majore ce chiffre pour tenir compte des migrants illégaux. Mais reconduit sur des décennies (et la France a commencé à attirer des migrants dès le milieu du XIXe siècle), cet apport limité suffit à modifier en profondeur la composition du pays. Ainsi, 22 % des habitants de la France ont au moins un parent ou un grand-parent étranger.

Ne pas nier la réalité mais la situer correctement

››› La forte présence de l'immigration (y compris la seconde génération) saute aux yeux dans certains habitats. Mais s'imaginer qu'elle tient nécessairement à des flux d'entrée massifs récents est une erreur. Il ne faut pas confondre l'incidence des flux actuels et l'effet à retardement du grand afflux des années 1970 et 1980.

On peut donc souligner, d'un côté, la modeste contribution du solde migratoire à l'essor de la population française et, de l'autre, les mutations qui en résultent. Cela ne nie en aucune façon la réalité de l'immigration : la pression migratoire aux frontières, la progression de certains flux, les pourcentages élevés d'immigrés dans certaines communes ou l'ampleur des problèmes d'intégration.

›››››››

Depuis quand la France est-elle un pays d'immigration ?

Depuis le XIXe siècle, ...

La France est le plus ancien pays d'immigration en Europe. Dès la seconde moitié du XIXe siècle, elle a fait appel à la main-d'œuvre étrangère car elle manquait de bras pour s'industrialiser. Deux facteurs expliquent cette situation : la baisse de la fécondité entamée depuis le XVIIIe siècle et la saignée des guerres révolutionnaires et napoléoniennes. La France, contrairement à l'Angleterre, l'Irlande, l'Allemagne ou l'Italie, encore en pleine croissance démographique, n'a guère participé au peuplement des Amériques à la fin du XIXe siècle.

...un flot rarement interrompu

Au XXe siècle, la France ne suspend l'immigration que par deux fois en temps de paix. Pendant la Dépression des années Trente, le recrutement des étrangers est découragé, leur accès aux professions libérales interdit. On rapatrie les Polonais de force. Le solde migratoire devient négatif. Cette politique est durcie à l'extrême par la législation xénophobe et antisémite de Vichy (1940-1944).

En juillet 1974, en pleine crise pétrolière, la France emboîte le pas à l'Allemagne en bloquant l'entrée des travailleurs étrangers et de leurs familles. Mais le Conseil d'État rappelle que le regroupement familial est conforme au droit international. Le projet d'organiser le retour d'un million d'Algériens échoue.

Principales vagues d'immigration en France depuis 150 ans

Belges	1850-1935	Maliens	Depuis 1965
Juifs orientaux	1880-1914	Sénégalais	Depuis 1965
Italiens	1880-1960	Tunisiens	Depuis 1970
Suisses	1920-1930	Malgaches	1970-1985
Arméniens	1920-1935	Vietnamiens	1970-1985
Polonais	1925-1938	Turcs	1970-2000
Espagnols	1936, 1955-1970	Anglais	Depuis 1975
Algériens	Depuis 1945	Chinois	Depuis 1975
Marocains	Depuis 1950	Sri Lankais	1975-1990
Yougoslaves	1960-1980	Cambodgiens	1975-1990
Portugais	1960-1985	Allemands	Depuis 1990
Harkis	1962		

Source : Insee.

Des musées pour la mémoire et l'histoire

››› Ellis Island, face à New York, fut la porte d'entrée de 12 millions d'immigrants entre 1892 et 1954. Ouvert au public en 1976, le site offre une présentation très pédagogique de l'arrivée des migrants et de leur « sélection ». Forte de son long passé migratoire, la France s'est dotée en 2007 d'une Cité nationale de l'histoire de l'immigration (CNHI), installée à Paris, au Palais de la Porte dorée. L'exposition permanente, d'une grande richesse, alterne données chiffrées, documents d'archives, témoignages et œuvres d'art. Les expositions temporaires se centrent sur des thèmes (« Immigration et football ») ou des communautés (« Les Polonais en France depuis 1830 »). La Cité travaille étroitement avec les associations, les enseignants et les chercheurs.

›››››

L'Amérique plus accueillante par nature que l'Europe ?

L'Europe est aussi un continent d'immigration

Les pays de migrants (États-Unis, Canada, Argentine, Australie...) sont-ils par nature plus accueillants que la vieille Europe ? C'était vrai au temps des fronts pionniers, du XVIIe au XIXe siècles. Mais dans la décennie 2000, l'Europe a connu un solde migratoire proche de celui des États-Unis et du Canada. Elle est devenue elle aussi un grand continent d'immigration, malgré des législations plus restrictives.

Des politiques volontaristes pour s'ouvrir à l'immigration

Aucun pays n'est naturellement ouvert à l'immigration. Devenus autochtones, les descendants de migrants ont tôt fait de vouloir refermer la porte derrière eux pour préserver leur « identité ». La défense de la supériorité des natifs (on parle de « nativisme ») a inspiré aux États-Unis l'interdiction de l'immigration asiatique dès 1882. De 1923 à 1965, ils ont mis en place des quotas d'immigration par origine nationale. C'est en changeant de politique, et non en suivant leur pente naturelle, que les États-Unis et le Canada ont aboli les quotas nationaux pour s'ouvrir davantage à l'immigration.

Des quotas nationaux en guise de quotas ethniques

››› De 1923 à 1965, les États-Unis imposèrent des quotas d'entrée par pays d'origine. Il s'agissait de figer la répartition nationale des migrants dans la structure recensée en 1890. On favorisait ainsi l'Europe du Nord et de l'Ouest au détriment des Italiens, des Grecs, des Slaves et des Juifs d'Europe centrale (l'immigration hispanique étant encore très faible). Il s'agissait en réalité de quotas ethniques.

Le programme d'un candidat à la présidentielle

››› Jeune sénateur, John Kennedy avait publié en 1959 *A Nation of Immigrants,* qui plaidait pour le retour de l'Amérique à son ancienne tradition migratoire. Élu président, il n'eut pas le temps d'abolir lui-même les quotas d'immigration. La décision est revenue à son successeur, Lyndon Johnson, en 1965. Elle a eu pour effet inattendu de favoriser surtout la migration hispanique.

Le saviez-vous ?

››› Dans les années 1950-1965, la France accueillait proportionnellement plus de migrants que les États-Unis. Le régime américain des quotas d'admission avait beaucoup limité les entrées.

Les migrants de l'Union européenne sont-ils des immigrés ?

De moins en moins « immigrés » dans la perception commune

Depuis 2007, les Européens peuvent changer de résidence au sein de l'Union européenne (UE) sans permis de séjour. Ils peuvent voter aux élections locales et européennes depuis 1992. D'où la tendance à ne pas les considérer comme de « vrais » immigrés. De quels Européens s'agit-il ? Suisses, Norvégiens ou Islandais sont traités comme s'ils faisaient partie de l'UE. Mais l'immigration provenant de certains États entrés dans l'UE en 2004 (dont la Pologne) ou en 2007 (Bulgarie, Roumanie) a été retardée pendant 2 à 7 ans, selon le traité d'adhésion signé par le pays.

Mais toujours « immigrés » pour les démographes

La définition internationale s'impose à la statistique publique française. Tant que subsistent les frontières nationales en Europe, les Européens qui s'installent dans un autre pays de l'Union – soit près de 2 millions de personnes – modifient bel et bien les soldes migratoires nationaux (différence entre les entrées et les sorties du territoire d'un pays). Ce sont donc des immigrés.

Intégrés par définition ?

Ces migrants européens ne sont tenus ni d'apprendre le français, ni de signer le contrat d'intégration, ni de prêter serment aux valeurs de la République, comme doivent le faire les immigrés non européens. On les suppose intégrés par définition.

Du langage officiel au langage populaire

››› En France, l'administration applique la définition internationale de l'immigration retenue par l'Onu, l'Organisation pour la coopération et le développement économiques (OCDE) et le Haut Conseil à l'intégration. Il en va autrement du discours politique. En juin 2008, par exemple, le président de la République évoqua un taux de chômage des « immigrés » à 23 %, alors que l'Insee annonçait 17 %. À ceux qui s'en étonnaient, l'Élysée expliqua que le président employait « immigrés » au sens « courant et habituel » qu'il prend « dans la réalité quotidienne », à savoir les étrangers et, parmi eux, uniquement les non-Européens. Dans cette approche, le taux de 23 % était exact.

L'Indonésie en Occident ?

››› Aux Pays-Bas, la statistique de l'immigration distingue systématiquement Occidentaux et non-Occidentaux *(westerse/niet-westerse)*. Mais l'Indonésie, en tant qu'ancienne colonie, est rangée parmi les pays occidentaux.

Le saviez-vous ?

››› Le rapport annuel du Gouvernement au Parlement sur la politique migratoire de la France range habituellement la Turquie, située en majorité sur le continent asiatique, parmi les pays européens.

Migrations forcées ou migrations volontaires?

Les migrations du Sud, souvent des migrations forcées

Persécutions, guerres et famines contraignent les populations touchées à se réfugier dans un pays voisin. La majorité des migrations du Sud sont de ce type. Mais l'Europe a aussi connu ce phénomène avec les guerres de l'ex-Yougoslavie (1991-2001).

Hormis ces cas extrêmes, rester ou partir demeure un choix quand il s'agit d'une migration familiale, d'études ou de travail.

Et pourtant, le migrant est aussi un stratège

Si démuni soit-il, le migrant conçoit des projets à long terme pour lui-même ou ses enfants. Il s'informe, choisit entre plusieurs pays d'accueil, joue avec les réglementations, tisse des réseaux. De plus en plus, les femmes aussi prennent l'initiative de la migration.

Ces stratégies ont été décrites avec un grand réalisme par des chercheurs de terrain. Des anthropologues américains ont ainsi analysé comment certains migrants se frayent une voie dans le maquis réglementaire en utilisant les ressources du mariage ou de l'adoption. Toute association humanitaire sait que l'assistance aux migrants doit tenir compte de ces stratégies pour ne pas se laisser manipuler.

Dans quels pays les réfugiés sont-ils principalement hébergés ?

››› Fin 2010, le Haut Commissariat aux réfugiés des Nations unies recensait 11 millions de réfugiés dans le monde (sans compter 15 millions de « déplacés » dans leur propre pays). Les trois quarts ont fui vers un pays limitrophe. Les pays en développement en hébergent 8 sur 10. En tête des pays d'accueil : le Pakistan, l'Iran et la Syrie.

« C'est la frontière qui fait le contrebandier »

››› Une course de vitesse est engagée entre, d'un côté, les candidats à la migration qui cherchent souvent à contourner la législation des pays d'accueil et, de l'autre, le législateur désireux de lutter contre les abus. Mais, plus on durcit les procédures, plus on renchérit le prix du passage, la nouvelle réglementation engendrant de nouvelles irrégularités. « C'est la frontière qui fait le contrebandier », dit un proverbe espagnol.

Le saviez-vous ?

››› Avant les mouvements de révolte de 2011, la Syrie accueillait entre 1,2 et 1,5 million de réfugiés fuyant la guerre lancée par les États-Unis contre l'Irak en 2003. Pendant la révolution libyenne, la Tunisie et l'Égypte ont accueilli bien plus de réfugiés que tous les pays occidentaux.

››››››

Pourquoi migrer ?

Mille raisons de ne pas migrer

On tend à l'oublier, la migration internationale reste un phénomène ultra-minoritaire. L'Organisation internationale pour les migrations (OIM) totalise 200 millions d'émigrés dans le monde. Cela représente seulement 3 % de la population mondiale, 6 à 8 % de la population européenne. Dans l'immense majorité des cas, les raisons de ne pas migrer l'emportent sur les raisons de migrer : coût du voyage ou du passage, coût de l'information, compétences difficiles à valoriser dans d'autres sociétés, non-reconnaissance des diplômes, force des liens familiaux et sociaux, connaissance d'une seule langue (unilinguisme), attachement à la patrie. Sans compter l'effet dissuasif des politiques migratoires restrictives.

Et de bonnes raisons d'y aller

On pourrait penser que les migrants se dirigent naturellement des zones les plus pauvres vers les zones les plus riches, ou des plus peuplées aux moins peuplées, et qu'ainsi ils rétablissent l'équilibre. C'était l'idée d'Adam Smith (1723-1790), le fondateur de l'économie libérale. Mais nombreux sont les contre-exemples. La migration économique est sélective : ce sont les plus dynamiques qui partent, souvent les jeunes déjà dotés d'un certain bagage. L'idée répandue que la générosité de la protection sociale attire les migrants est également démentie : l'Espagne et les États-Unis ont attiré plus de migrants que les États-providence.

Les motifs personnels

››› L'étude des migrations nous apprend que ce ne sont pas les plus misérables qui migrent le plus. Ce sont plutôt ceux qui sont porteurs d'un projet et qui sont dotés d'un minimum de ressources sur le plan humain. Ils veulent valoriser leurs compétences, recherchent la sécurité, ou espèrent un avenir meilleur pour leurs enfants. La distinction entre les facteurs qui poussent à partir *(push factors)* et ceux qui poussent à choisir un pays *(pull factors)* est assez vaine : c'est la différence de potentiel qui joue.

Travail, famille, études, refuge : les motifs officiels

››› Le traitement administratif des candidatures au séjour cloisonne les « motifs » : migration économique, regroupement familial, demande d'asile, migration d'études, traitement médical… En réalité, les motifs se chevauchent et il n'est pas rare qu'on les cumule au sein d'une même famille.

Des motivations multiples : le cas de la France en 2010

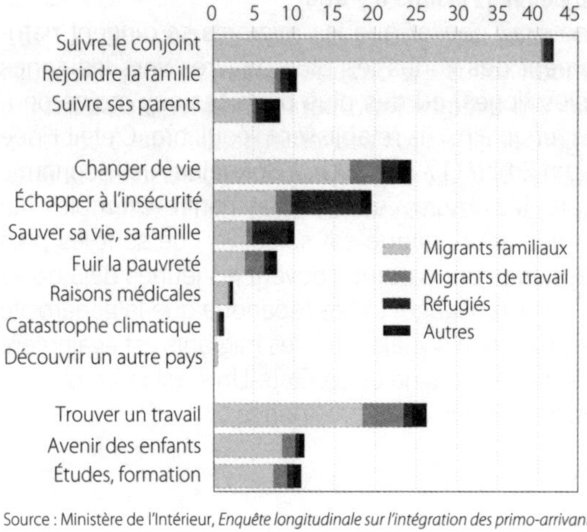

Source : Ministère de l'Intérieur, *Enquête longitudinale sur l'intégration des primo-arrivants*, 2010.

›››››››

Peut-on quitter son pays pour s'établir où l'on veut ?

Un principe formulé dès le XVIIe siècle

Sous l'Ancien Régime et dans les pays communistes (comme aujourd'hui en Corée du Nord et tout récemment encore à Cuba), c'est en contrôlant les sorties, et non pas les entrées, qu'un État affirmait sa souveraineté. Or « toute personne a le droit de quitter tout pays, y compris le sien », dit la Déclaration universelle des droits de l'homme de 1948. Ce principe remonte à Grotius, le juriste hollandais réfugié à Paris sous Henri IV.

Complété par Rousseau et par Kant

Rousseau le cite dans le *Contrat social* (1762). Il ajoute que le droit de quitter sa patrie doit aller de pair avec celui de rester pour réclamer un changement de régime. Ce n'est pas l'exil faute de faire entendre sa voix, mais un libre choix entre les deux.

Kant, dans son *Projet de paix perpétuelle* (1795), amende Grotius : le droit de quitter son pays suppose un accord avec les occupants de la terre d'accueil. Il préfigure ainsi le droit souverain de tout État à contrôler l'entrée et le séjour des étrangers, selon la jurisprudence de la Cour européenne des droits de l'homme.

« Le pas suspendu de la cigogne »

››› En reprenant ce titre d'un film d'Angelopoulos, le juriste belge Jean-Yves Carlier souligne le paradoxe d'un droit de sortie sans droit d'entrée : vous pouvez lever le pied au-dessus de la frontière sans la liberté de le reposer au-delà. Mais le problème est plus complexe. Le droit de sortir a des limites : un criminel ne peut fuir la justice de son pays. Le droit d'entrer est garanti à certaines catégories de demandeurs par des conventions internationales.

Pas de droit absolu au séjour

››› Le Conseil constitutionnel l'a rappelé en août 1993 : la Constitution n'assure pas aux étrangers le droit absolu à séjourner sur le territoire français. Le législateur a le droit de prendre des mesures pour vérifier la régularité du séjour.

Mais pas non plus de droit absolu de refuser le séjour

››› L'État ne dispose pas du droit absolu de refuser le séjour. Il est lié par les conventions internationales qu'il a signées. Certaines garantissent le libre choix du conjoint, le droit de vivre en famille et le droit d'asile. L'État doit honorer sa signature et autoriser les entrées d'immigrés, liées à ces droits, protégées par des conventions. Il garde bien entendu la possibilité de contrôler les abus et de vérifier la réalité du risque de persécution de ceux qui demandent l'asile.

›››››

Les Français émigrent-ils ?

Un comptage qui ne peut se faire qu'à l'étranger

Le solde migratoire dépend des entrées et des sorties d'étrangers mais aussi des expatriations et des retours de Français. À solde constant, une hausse des expatriations pourrait effacer une hausse équivalente de l'immigration étrangère. Comment le savoir en l'absence d'un registre des entrées et sorties ? Les Français de l'étranger ne sont pas tous immatriculés dans les consulats. Seul moyen : les compter dans les recensements ou registres du monde entier.

Une expatriation encore limitée

L'OCDE l'a fait pour les recensements effectués autour de 2000. Surprise : le taux d'expatriation de la France est parmi les plus faibles d'Europe. La fuite des cerveaux, tant redoutée, reste limitée : 4,3 % des Français diplômés du supérieur vivent à l'étranger, contre 12,1 % des diplômés britanniques ! Outre les pays voisins, les expatriés français optent surtout pour les États-Unis et le Canada.

Une tendance ancienne

Rares sont les régions de France qui ont participé au peuplement des deux Amériques. Outre le Québec, on peut citer la colonie basque de Montevideo et Buenos Aires (Argentine), les pêcheurs bretons à Terre-Neuve, les colporteurs de tissu de Barcelonnette installés au Mexique entre 1840 et 1910.

L'expatriation des Français en 2000 : une des plus faibles d'Europe

Pays	(a)	(b)	Pays	(a)	(b)
Malte	23,8	—	Italie	4,6	4,8
Irlande	20,8	24,7	Pays-Bas	4,5	7,3
Chypre	19,3	39,7	Allemagne	4,3	5,5
Albanie	19,0	—	Belgique	4,1	6,2
Portugal	13,0	9,8	Pologne	3,9	9,3
Luxembourg	8,1	—	Danemark	3,8	6,8
Bulgarie	8,0	6,5	Roumanie	3,6	8,8
Grèce	7,2	8,2	Hongrie	3,6	8,9
Suisse	6,8	9,6	Norvège	3,3	4,7
Roy.-Uni	6,4	12,1	Suède	2,8	4,7
Finlande	5,9	6,7	France	2,3	4,3
Autriche	5,0	9,7	Espagne	2,2	2,5

Taux d'expatriation : (a) des 15 ans ou plus, (b) des diplômés du supérieur
Source : OCDE.

Peu de candidats français pour peupler les colonies

››› Entamée en 1534, la migration française vers le Canada s'est tarie après la guerre de Sept ans (1756-1763). Les 7 millions de Québécois actuels descendent donc en majorité des 70000 colons recensés en 1760, qui se sont reproduits sur place avec une fécondité record.

Après la conquête de l'Algérie en 1830, l'armée peinait à tenir le territoire et voulait passer le relais aux colons. Sans grand succès. D'où l'appel aux Espagnols des Baléares ou du pays Valencien (dès 1835), puis la décision de franciser d'office les 35000 juifs vivant sur place (décret Crémieux de 1870).

››››››

Demander l'asile : pourquoi ? comment ?

La Convention de Genève : une approche individuelle

La Convention de Genève de 1951 protège tout individu ayant fui son pays parce qu'il craint « avec raison » d'être persécuté pour sa race, sa religion, sa nationalité, son groupe social ou ses opinions politiques.

Faire partie d'une minorité maltraitée (comme les femmes exposées à l'excision ou au mariage forcé) ne suffit pas : il faut établir le caractère *actuel* et *personnel* de la persécution. D'où la tendance des demandeurs à ajuster leur récit en conséquence.

Un parcours semé d'embûches

Depuis 1992, la police des frontières peut placer en « zone d'attente » l'auteur d'une demande d'asile « manifestement infondée » et lui refuser l'entrée.

S'il est admis au séjour, il est libre de ses mouvements. En attendant la réponse de l'Ofpra (Office français de protection des réfugiés et des apatrides) à sa demande d'asile, il perçoit 10,83 euros par jour. Il n'est pas autorisé à travailler, sauf cas exceptionnels. Les centres d'hébergement spécialisés étant débordés (20000 places pour 40000 demandes), les demandeurs d'asile, notamment les familles, peuvent être logés à l'hôtel. Les autorités françaises chiffrent à 500 millions d'euros le coût total de leur accueil.

Dublin I et II, de quoi est-il question ?

››› Depuis 1997, la France applique la Convention de Dublin. Elle a été conçue pour empêcher un demandeur d'asile de solliciter plusieurs États. Son dossier doit être traité par le premier pays d'entrée, d'où la surcharge des pays situés en première ligne (Grèce, Chypre, Malte…). Le Règlement Dublin II (2003) a créé une base d'empreintes digitales (Eurodac) qui traque les demandes multiples.

Le poids des décisions en appel

››› La France a tenu à contrebalancer le caractère universel de la protection des réfugiés par un contrôle national. Il est confié à l'Ofpra, qui rejette 85 % des demandes. Le lien avec le droit international est assuré par une juridiction d'appel, la Cour nationale du droit d'asile (CNDA). Après recours, environ 1 demande d'asile sur 3 est acceptée.

Que sont des « pays sûrs » ?

››› Pour la loi française, un pays d'origine est « sûr » s'il « veille à respecter » les principes de l'État de droit et les droits de l'homme. La demande d'asile est alors traitée selon une « procédure prioritaire » qui ne donne pas droit au séjour. La liste des pays sûrs est établie par l'Ofpra, qui retire ou ajoute périodiquement des pays en fonction de l'évolution des situations politiques. Le Conseil d'État l'a plusieurs fois rectifiée.

Le saviez-vous ?

››› Des juges américains ont validé, pour la première fois en 1994, les demandes d'asile de couples chinois fuyant un « planning familial coercitif » contraire à la « liberté de procréation ». Un motif non reconnu en France.

France, terre d'asile?

La France très demandée

La France est la terre d'asile la plus désirée d'Europe. Sur les 236000 demandes visant l'Union des 27 en 2010, elle en a reçu 47 000, soit 20 %.

Mais, eu égard à sa population, cette « pression » reste faible. Avec 8 demandeurs pour 10000 habitants (0,8 pour mille), elle est loin derrière la Suède et la Norvège (33 pour mille), sans parler des pays insulaires (Chypre et Malte).

Mais sept fois moins accueillante que la Norvège

La France est-elle « le pays le plus généreux d'Europe pour l'asile » ? Nullement. Elle a reconnu 10400 réfugiés en 2010 (kosovars, russes, congolais, bangladeshis, sri-lankais, géorgiens, haïtiens...), ce qui la situe au troisième rang après le Royaume-Uni et l'Allemagne. Mais, en proportion de leur population, la Norvège est sept fois plus généreuse que la France ; la Suisse et la Suède six fois plus ; l'Autriche et les Pays-Bas trois fois.

1 % des réfugiés du monde

De tous les pays industrialisés, c'est l'Allemagne qui compte le plus de réfugiés sur son territoire : près de 600000 en 2010. Suivent les États-Unis (265000) et le Royaume-Uni (238000). La France en accueille 150000, soit 1 % des 15 millions de réfugiés recensés dans le monde. Guère plus que son poids dans la population mondiale.

Les flux de nouveaux réfugiés, ramenés à la population des pays d'accueil (2010)*

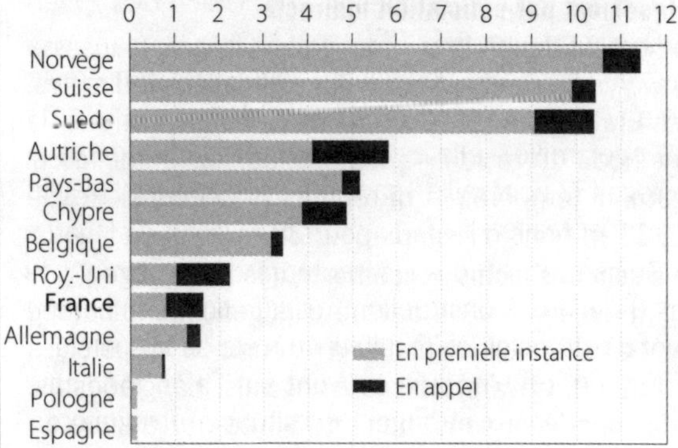

* Nombre de décisions positives d'accueil des demandeurs d'asile en 2010, pour 10000 habitants.
Source : Eurostat, 2011.

D'où viennent les réfugiés installés en France ?*

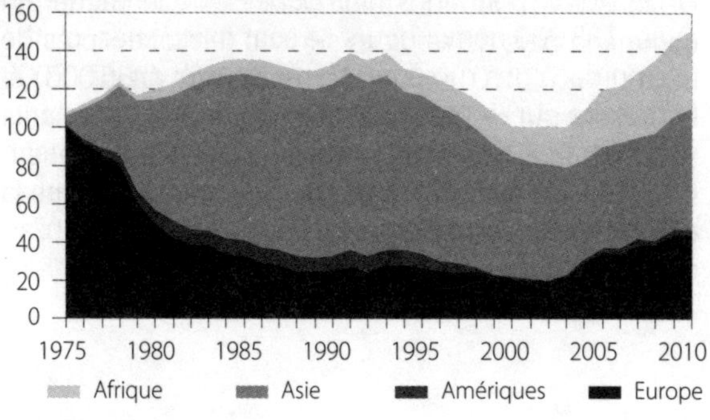

* Nombre de réfugiés présents en France depuis 1975, par continent d'origine, en milliers.
Source : Ofpra, 2011.

››››››

Peut-on chiffrer l'immigration illégale?

Uniquement par estimation indirecte

On ne peut dénombrer l'immigration illégale (sans visa ou avec un visa expiré) que par estimations indirectes. Aux États-Unis, le *Bureau of Census* pratique la « méthode du résidu » : sont illégaux les immigrés ni légaux ni temporaires ni repartis ni décédés. Résultat : 11 millions d'illégaux pour 38 millions de légaux. En Suisse, on étudie les secteurs qui emploient le plus d'illégaux (construction, restauration, confection) avant d'extrapoler les résultats au reste de la société… En France, on s'appuie souvent sur l'aide médicale d'État offerte aux étrangers en situation irrégulière : 200 000 prestations en 2010. C'est seize fois moins que les 3,6 millions d'étrangers.

Le maigre bilan des régularisations

Autre source, les régularisations françaises de 1981 et de 1997. À chaque fois que le Gouvernement a ouvert la possibilité pour les « sans papier » de se mettre en règle, 135 000 demandeurs se sont manifestés, chiffre très en-deçà des rumeurs. Même constat en juin 2006 (circulaire sur la régularisation des parents d'enfants scolarisés) : 20 000 demandes enregistrées seulement. L'exigence de parler français pour les parents concernés a éliminé beaucoup d'entre eux. En juillet 2006, le bilan des demandes satisfaites s'est élevé à 6 000.

L'« appel d'air » des régularisations : exemples étrangers

››› En 1986, le président Reagan régularise 2,7 millions de migrants illégaux. S'ensuit-il un appel d'air *(magnet effect)*? Très peu dans les premières années, davantage par la suite. Sous l'afflux des migrants, l'Espagne a régularisé en masse : 133 000 personnes en 1991, 400 000 en 2000, 575 000 en 2005. Une étude de l'Université de Saragosse a conclu que, trois ans après 2005, l'essor de la population immigrée excédait de 8 % celui observé dans des pays comparables. Un appel d'air sensible, sans être massif.

Régulariser en masse ou « au fil de l'eau » ?

››› La régularisation zéro est irréaliste. Il reste alors deux options : réduire par une régularisation massive les demandes rejetées de longue date, ou légaliser « au fil de l'eau » les migrants ayant acquis des attaches sur place. Une variante de la seconde option est la régularisation « au cas par cas », prônée dans le Pacte européen sur l'immigration de 2008. Mais, si elle reste homéopathique, elle recrée les conditions du premier cas de figure

L'Espagne, un cas unique en Europe

››› Une loi-cadre de 1985 oblige les mairies à enregistrer tous les résidents, y compris les migrants sans permis, afin de leur ouvrir l'accès à l'école et aux soins. La police ne s'en mêle pas. Du coup, le surcroît des inscriptions locales sur les titres de séjour permet d'estimer l'immigration illégale.

››››››

Choisir ses immigrants?

« De l'immigration subie à l'immigration choisie »

Lancée par Dominique de Villepin en 2005, la formule fait mouche : elle associe maîtrise des flux et ouverture. L'immigration directe de travail, suspendue depuis 1974, redevient possible à petites doses.

Filtrer les migrants? Les précédents ne manquent pas : quotas par nationalités (États-Unis de 1924 à 1965), système à points (Canada depuis 1967), missions de recrutement dans des pays choisis (France avant 1974, Suisse depuis 1970), listes de métiers en manque de candidats (Italie avant 2004).

Une porte entrebâillée vite refermée

Mais en 2007, les autorités françaises optent pour un système complexe : deux listes de « métiers en tension » par branche et par région, l'une (assez ouverte) pour les migrants européens, l'autre (très limitative) pour les pays tiers. Les effectifs recrutés restent minimes : 18000 entrées sur 180000 en 2010. En effet, la plupart des migrants viennent pour d'autres motifs (famille, études, refuge) et se présentent ensuite sur le marché du travail. En proportion, 18 000, c'est vingt fois moins que les 190000 migrants économiques recrutés au Canada, deux fois moins peuplé! Depuis 2011, le Gouvernement français a décidé de réduire l'« immigration choisie », désormais perçue comme subie.

Le système à points canadien, comment ça marche ?

››› Pour migrer au Canada, les postulants doivent accumuler des points de capital humain : diplômes du supérieur, maîtrise des langues, expérience professionnelle.

Avantages : chacun sait s'il est éligible en consultant le site du Canada ; le niveau de qualification des migrants est relevé ; l'intégration favorisée.

Inconvénient : les besoins locaux de l'économie ne sont pas pris en compte. Les candidats acceptent donc souvent une embauche hors de leur métier et les provinces lancent leur propre programme d'immigration.

Peut-on sélectionner les travailleurs étrangers selon leur pays d'origine ?

››› Une circulaire française du 20 décembre 2007 énumère les « métiers en tension » ouverts aux étrangers. Elle établit deux listes : 150 métiers de tous niveaux accessibles aux Roumains et aux Bulgares, 30 métiers hautement qualifiés pour les non-Européens. Mais les Algériens et les Tunisiens n'ont pas accès à toute la liste, tandis que le Sénégal, le Gabon et le Congo ont droit à des métiers supplémentaires. La Haute Autorité de lutte contre les discriminations et pour l'égalité (Halde) a jugé, en octobre 2008, qu'une sélection variable selon le pays d'origine ouvrait la voie à une sélection ethnique des emplois au détriment des compétences professionnelles. Mais sa recommandation d'établir une liste unique est restée sans suite.

L'Europe a-t-elle une politique migratoire commune ?

Une harmonisation difficile

En matière d'immigration, la méthode du vote unanime persiste au sein de l'Union européenne (UE). Chaque État veut définir souverainement les conditions d'entrée des étrangers chez lui. Certes, l'Union s'est dotée d'outils communs pour surveiller les frontières, déterminer le pays qui doit traiter la demande d'asile ou enregistrer les empreintes digitales des candidats au séjour. Elle a reporté le contrôle des frontières à sa périphérie et creusé un fossé entre migrants européens et non européens.

Plus d'accord sur le contrôle des flux que sur l'intégration

Mais cette action a des limites. Eurostat, l'organisme statistique de l'UE, peine à harmoniser l'enregistrement des migrants. Les contours de l'espace Schengen ne sont pas ceux de l'Union. Le régime d'asile commun est encore loin. Le « Pacte européen sur l'immigration » (2008) a beau déconseiller les régularisations générales au profit de l'examen au « cas par cas », la décision reste nationale. Chaque État définit sa politique d'intégration. La directive européenne anti-discrimination, votée en 2000, a été transposée dans les législations nationales (créant la Halde en France), mais assortie d'une latitude d'interprétation.

›››››››

L'espace Schengen n'est pas l'UE

››› Depuis 1985, cet espace délimite la zone au sein de laquelle les contrôles frontaliers sont supprimés en échange d'une surveillance externe commune. Sur les 25 membres actuels, l'Islande, la Norvège et la Suisse n'appartiennent pas à l'UE. À l'inverse, 5 membres de l'UE restent en dehors : Royaume-Uni, Irlande, Chypre, Bulgarie, Roumanie.

Schengen à l'épreuve du « Printemps arabe »

››› Les révolutions tunisienne et libyenne de 2011 ont chassé 660000 personnes dans les pays voisins. De janvier à juin, l'Italie a accordé des titres provisoires à 34000 fugitifs de Tunisie et 52000 de Libye. En avril 2011, le Gouvernement français a fermé la frontière pour quelques heures, dénoncé le pilotage défaillant de l'espace Schengen et demandé à la Commission européenne d'en aménager les règles « en cas d'afflux massif ». En novembre, le Parlement français a rejeté une proposition de la Commission, qui souhaitait garder la main sur la décision de fermer les frontières.

L'Union, ni forteresse ni passoire

››› En 2009, l'UE a accueilli 3 millions d'étrangers, dont 1,1 de non européens. Soit autant qu'aux États-Unis. Mais avec 500 millions d'habitants au lieu de 310, le taux d'immigration vers l'UE est moindre : 2,2 ‰ par an contre 3,2 ‰. Un écart qui s'explique par la faible croissance économique et le durcissement des conditions d'entrée.

Peut-on prévoir les mouvements migratoires ?

Uniquement en prolongeant le passé

On demande souvent aux experts de prévoir l'évolution des mouvements migratoires à coups de projections démographiques. Espoirs vains. On peut anticiper le nombre de personnes âgées ou de femmes en âge d'avoir des enfants pour les décennies à venir, parce qu'il est déjà inscrit dans la pyramide des âges. Ce n'est pas le cas des migrants. L'idée que la migration doit s'intensifier avec la mondialisation ou le vieillissement des populations est trop générale. Les hypothèses de migrations qui nourrissent les projections démographiques sont, au mieux, des variantes haute et basse qui encadrent le prolongement des tendances récentes.

Quand les filières tendent à se perpétuer

Un flux migratoire peut créer des filières qui s'auto-entretiennent. Les experts établissent alors leurs prévisions en se fondant sur des hypothèses de continuité. Un courant consolidé développe souvent une « migration matrimoniale ». Les immigrés naturalisés ou leurs enfants peuvent ainsi chercher un conjoint au pays d'origine. C'est le cas des migrations maghrébines en France, de celles du Nouveau Commonwealth en Grande-Bretagne.

Autre facteur d'inertie, l'injonction de maîtriser la langue du pays d'accueil avant même d'y entrer renforce les flux en provenance des ex-colonies.

Des effets prévisibles et beaucoup d'imprévus

››› Le développement du pays de départ peut tarir l'émigration. L'entrée de l'Espagne et du Portugal dans le Marché commun en 1986 en offre un exemple. Aujourd'hui, l'essor économique de la Turquie accélère les retours depuis l'Allemagne ou les Pays-Bas. À l'opposé, que de migrations liées à des événements imprévus! Les Albanais libérés par la chute du communisme, les fugitifs des guerres de l'ex-Yougoslavie, les Équatoriens chassés par la crise bancaire, etc.

Bien fonder ses projections

››› Une erreur classique des projections improvisées consiste à figer sur plusieurs décennies les écarts de fécondité actuels entre natifs et immigrés. Faire l'hypothèse que ces écarts vont persister sur une longue période n'est pas réaliste. On observe au contraire une convergence des comportements. La fécondité des immigrées baisse d'autant plus qu'elles sont arrivées jeunes en France. Dès la seconde génération, l'écart avec les natives disparaît.

Pourquoi des Ukrainiens au Portugal?

››› Les filières migratoires les plus implantées découragent-elles l'accueil de nouveaux courants? Cela expliquerait l'afflux des Ukrainiens au Portugal ou des Roumains en Espagne dans les années 2000. Les migrants des nouveaux pays d'émigration seraient détournés vers de nouveaux pays d'immigration, à la périphérie de l'Europe.

›››››

Comment devient-on Français ?

Sang ou sol

Selon le « droit du sang », est français l'enfant d'un parent français. Encore faut-il établir la nationalité du parent, exercice redoutable s'il est né à l'étranger. Plus courant est le « double droit du sol » : une personne née en France d'un parent né en France est française de naissance. Le « droit du sol simple » est différé. Né sur le sol français de parents étrangers nés à l'étranger, on devient Français à sa majorité (dès 13 ans sur demande des parents). La France ignore donc le « droit du sol simple à effet immédiat » en vigueur aux États-Unis, qui confère la nationalité du sol dès la naissance.

La naturalisation par mariage

Les exigences s'accumulent pour devenir Français par mariage : être marié depuis quatre ans, n'avoir jamais rompu la communauté de vie affective et matérielle, maîtriser le français au niveau du brevet et, depuis 2011, signer la « charte des droits et devoirs du citoyen ».

La naturalisation par décret

Pour présenter une demande de naturalisation, il faut cinq ans de résidence, « justifier de son assimilation à la communauté française », signer ladite charte. À la discrétion des préfets, la demande est diversement traitée d'un département à l'autre, soulevant de vives inquiétudes sur le respect du principe d'égalité.

Les quinze premières nationalités ayant acquis la nationalité française en 2009*

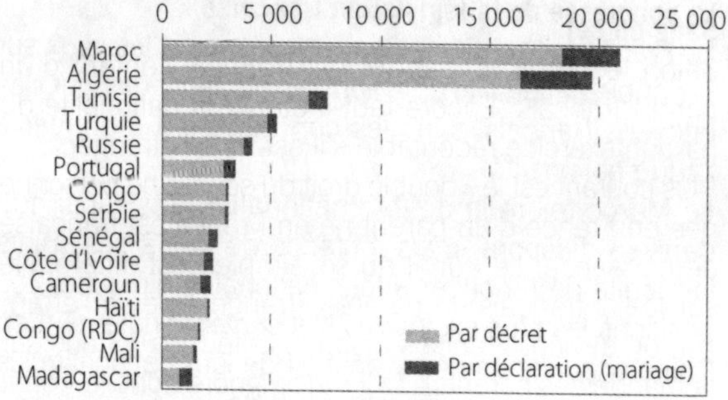

*En nombre absolu, sur un total de 108 000 acquisitions, dont 92 000 par décret et 16 000 par mariage.
Source : Rapport du Gouvernement au Parlement sur les orientations pluriannuelles de la politique d'immigration, 2011.

Manifester sa volonté de devenir Français : l'échec d'une réforme

››› Le droit du sol vaut-il pour les anciennes colonies? Les accords d'Évian en décident ainsi pour les départements français d'Algérie d'avant 1962. Ainsi, l'enfant d'un immigré de l'Algérie française est français de plein droit, alors que ses homologues marocains ou tunisiens doivent attendre leur majorité. Nombre de parents l'ignorent et déclarent leurs enfants comme Algériens aux recensements de 1968 et 1975.

Cet épisode nourrit la controverse sur le droit de la nationalité entamée dans les années 1980 : est-il normal de devenir Français sans le savoir? La loi de 1993 oblige les enfants d'immigrés nés en France à « manifester leur volonté d'acquérir la nationalité française » entre 16 et 21 ans. En vain : dès 1998, le principe de l'automaticité est rétabli.

La France accepte-t-elle la double nationalité ?

La souplesse de la législation française

La France fait partie des pays qui ferment les yeux sur la double nationalité. Elle tient les binationaux pour des citoyens français, sans les contraindre à renoncer à l'autre nationalité.

Le Maroc tolère la double nationalité, très répandue dans sa diaspora, mais il n'accorde pas à ses sujets la faculté de renoncer à leur nationalité d'origine. Les positions les plus exclusives s'observent finalement en Chine et au Japon : on y déchoit de leur nationalité les citoyens qui en acquièrent une autre.

Les populistes contre le double passeport

Cette approche est défendue en Europe par les partis ou les courants populistes. Aux Pays-Bas, le parti de Geert Wilders en a fait son cheval de bataille. Il dénonce la « double allégeance » des immigrés turcs et marocains et parle même de « cinquième colonne », pour dénoncer l'infiltration d'éléments étrangers venus saper les fondements du pays d'accueil.

En France, la suppression de la double nationalité figure de longue date au programme du Front national. En juin 2011, le Gouvernement français a coupé court aux tentatives des députés qui voulaient l'abolir en invoquant le risque de « double allégeance » en cas de conflit.

Un phénomène en plein essor

››› Au recensement de 2006, en France, un quart des enfants d'immigrés ont la double nationalité. La circulation internationale des étudiants, des chercheurs, des artistes ou des cadres va dans le même sens en faisant progresser les mariages mixtes. Ce phénomène est visible jusqu'au sommet de l'État, puisque le président de la République et le Premier ministre ont tous deux une épouse de nationalité étrangère. Selon la direction des Français de l'étranger, la moitié des Français immatriculés à l'étranger avaient la double nationalité (2003).

La mémoire des binationaux persécutés

››› Les exemples ne manquent pas de périodes où les immigrés binationaux ont été pris pour cible. Pendant la Grande Guerre, les Canadiens ont interné les sujets de l'Autriche-Hongrie présents sur leur territoire (Ukrainiens, surtout) en les soumettant au travail forcé. Les Américains ont fait de même pendant la Seconde Guerre mondiale avec les *Japanese-Americans*. À la suite d'un travail de mémoire mené avec les descendants (par exemple au Musée de la Guerre d'Ottawa au Canada), les deux pays ont compris que ces persécutions avaient bafoué leurs idéaux démocratiques. La France, comme on sait, a elle-même livré en priorité à la persécution nazie les juifs d'origine étrangère installés en France depuis la Première Guerre mondiale.

Les « statistiques ethniques » sont-elles légales ?

Elles se pratiquent déjà

Dans la statistique européenne, on appelle « ethniques » les données classant les personnes selon les origines nationales des parents : « enfants d'immigrés maghrébins », « élèves d'origine turque », « descendants de Portugais » sont des catégories ethniques utilisés par l'Insee, l'Ined et bien d'autres. Rien à voir avec le « groupe ethnique » en anthropologie qui est un groupe mouvant sans État (Kurdes, Kabyles, Soninké…).

Un interdit général et des dérogations

Selon la Constitution, la République « assure l'égalité devant la loi de tous les citoyens sans distinction d'origine, de race ou de religion ». La loi interdit de traiter des données risquant de faire apparaître des affiliations politiques, syndicales, religieuses, sexuelles, ethniques ou raciales. Mais elle autorise la Cnil (Commission nationale de l'informatique et des libertés) à accorder des dérogations liées à la finalité de l'étude (intérêt général), au statut de l'opérateur, aux garanties d'anonymat, au consentement des personnes. De là, l'existence d'enquêtes sur la religion ou le comportement sexuel, mais aussi sur l'impact des origines, décrites *via* les pays de naissance et la première nationalité des parents.

Et l'apparence physique ?

››› En 2007-2008, des chercheurs du CNRS ont observé 550 contrôles d'identité effectués dans des lieux publics parisiens où transitaient 35 000 personnes. Ils ont comparé les personnes contrôlées au reste des passants à l'aide du profilage racial en usage dans la police. Le résultat est saisissant. Par rapport aux passants perçus comme « blancs » et selon les lieux observés, la probabilité d'être contrôlé par la police est de quatre à onze fois plus forte si l'on est perçu comme « noir », de trois à treize fois si l'on est perçu comme « arabe ». De telles enquêtes se justifient par leur but : étudier les mécanismes et les effets des discriminations raciales. Elles sont rares et appellent un encadrement déontologique rigoureux.

Un exemple de statistique ethnique : les études patronymiques

››› Étudier la « diversité » des élus sur la base du nom de famille (Haut Conseil à l'intégration, 2011), c'est faire des statistiques ethniques. L'opération revient en effet à compter les patronymes en les classant selon leur consonance ethnique – ne serait-ce que pour les regrouper en deux catégories, comme autochtones et allochtones, visibles et non visibles, « discriminables » ou non.

››››››

La France se passerait-elle des immigrés ?

Difficile d'imaginer des « Journées sans eux »

Imagine-t-on un hôpital du Grand Londres ou de la banlieue parisienne sans le concours d'immigrés à tous les niveaux de qualification : agents de service, infirmières, médecins ? Et que dire des services à la personne dans nos sociétés vieillissantes ? Pour souligner l'importance de leur rôle, l'idée d'une « Journée sans immigrés » a été lancée en 2006 dans une cinquantaine de villes américaines. Elle a été reprise en France à partir de 2009. Les arrêts de travail ne durant qu'un jour, la mobilisation est faible. Sa portée reste surtout symbolique.

Mais le raisonnement a ses limites

Dans le cas des médecins ou des vacataires de la fonction publique, embaucher des étrangers sur des statuts séparés peut consolider les acquis de ceux qui bénéficient d'un *numerus clausus* ou de contrats à vie. Cela évite d'ouvrir leur profession. Même logique pour l'embauche de migrants au noir : on travaille à la fois « avec eux » et « sans eux ».

Savoir si « la France » peut se passer des migrants est donc une question trop générale. Il y a des gagnants et des perdants. Mais quelle politique adopter : priorité à la concurrence mondiale des compétences ou préférence nationale au détriment de la qualité ? Partout en Europe, les deux logiques se heurtent.

La parabole de Saint-Simon et les « Journées sans immigrés »

››› En 1820, Saint-Simon, philosophe et économiste français, a développé une « parabole » : si l'aristocratie et le haut clergé devaient périr d'un coup, l'économie du pays continuerait de tourner mais, sans les inventeurs et les producteurs, elle serait ruinée. Appliqué aux immigrés, ce principe inspire aujourd'hui les « Journées sans immigrés ».

Le défi de l'ouverture du marché du travail

››› Les immigrés n'apportent pas leur contribution en tant qu'immigrés, mais à raison de leurs qualifications. On pourrait organiser aussi bien des journées sans femmes, sans hommes, sans diplômés, sans seniors, sans les originaires des départements d'outre-mer, etc. Le vrai défi est d'assurer l'égalité de traitement, toutes origines confondues, en veillant à ce que l'ouverture du marché du travail aux étrangers ne déclasse pas les catégories vulnérables présentes sur le territoire (chômeurs, jeunes sans qualification).

Les praticiens étrangers des hôpitaux : des solutions encore partielles

››› Les médecins étrangers, qui ont fait leurs études de médecine hors de l'Union européenne avant de se spécialiser en France, sont recrutés par les hôpitaux sur un statut de « praticiens associés » au salaire réduit. Ceux qui exerçaient en France avant 2004 pouvaient se présenter jusqu'en 2011 à un examen professionnel. Des concours sont prévus pour les réfugiés et les apatrides. Les quelque 3000 médecins ayant commencé à exercer depuis 2004 restent, quant à eux, dans l'attente de nouvelles mesures.

La France attire-t-elle les étudiants étrangers ?

La France dans un mouvement mondial

De toutes les migrations du monde, le flux d'étudiants est celui qui progresse le plus, selon l'Organisation de coopération et de développement économiques (OCDE) : 2,1 millions en 2001, 3,3 en 2010. Les grandes destinations sont les États-Unis (17 %), le Royaume-Uni (10 %), l'Allemagne, la France et l'Australie (7 % chacune). En 2010-2011, la France comptait 12 % d'étudiants étrangers, soit 285 000, dont un quart dans les grandes écoles. Ils représentent 41 % des doctorants inscrits en France. Leurs origines sont, à parts égales, la Chine, le Maghreb, l'Afrique subsaharienne, le reste de l'Asie, le reste du monde.

Un attrait désormais menacé ?

En France, une circulaire du 31 mai 2011 a restreint l'accès au travail des étudiants étrangers en fin d'études. De jeunes diplômés étrangers, pourtant recrutés par de grandes entreprises françaises, ont ainsi dû quitter le pays au cours de l'été. Devant l'ampleur des réactions, le ministre de l'Intérieur a décidé d'atténuer le texte en présentant, le 4 janvier 2012, une « circulaire complémentaire ».

Le changement de statut (octroi aux étudiants d'un titre de séjour « salarié ») est le principal canal de la migration qualifiée en France, puisque, par ailleurs, l'entrée des salariés est sévèrement contingentée. Ces changements de statut sont peu nombreux (environ 6000 par an). Ils n'ont pas d'incidence sur le nombre des chômeurs, qui dépasse les 2,8 millions en 2011.

10 % seulement restent ensuite travailler en France

››› Le suivi des 62 000 étudiants étrangers entrés en France en 2002 atteste qu'en 2009, seuls 10 % sont toujours étudiants, 60 % sont repartis, 20 % sont restés au titre du regroupement familial, 10 % ont obtenu un changement de statut pour travailler en France. Ces derniers représentent donc 6 200 cas par an.

Les hautes qualifications : un marché sans frontières

››› Plus un immigré est qualifié, plus il « rapporte » au fisc et à la protection sociale. Un pays est « perdant » s'il forme des étudiants étrangers au meilleur niveau pour les pousser ensuite à repartir au nom de la priorité aux nationaux. D'autres pays plus ouverts profiteront de la formation acquise. Que ce soit dans la recherche, le management ou la consultance, le marché des compétences n'a plus de frontières.

Compétence ou nationalité ?

››› Un jeune Libanais de 25 ans avait été sélectionné en juin 2011 par Air Liquide parmi plus de 60 candidats, après avoir décroché un diplôme d'ingénieur réputé. L'administration a refusé son embauche en invoquant les 58 ingénieurs-projet au chômage présents dans le bassin d'emploi de l'entreprise. Mais l'affaire a fait grand bruit et l'employeur a obtenu gain de cause après avoir démontré que les chômeurs locaux n'avaient pas le profil requis.

Sait-on ce que coûte l'immigration ?

Impossible, dit la Cour des comptes
Dans son rapport de 2004, la Cour souligne « qu'elle n'a pas cherché à établir un "coût de l'immigration", démarche qui aurait eu peu de sens », vu « l'impossible évaluation des avantages et autres ressources qu'elle procure ». Ce dont l'État a besoin, c'est d'indicateurs sur les actions qu'il finance. Ils figurent désormais dans le rapport annuel du Gouvernement au Parlement sur la politique migratoire, mais sans chiffrage global.

Certainement pas 30 milliards
Pourtant, une association de contribuables a estimé à 30 milliards le coût annuel de l'immigration pour la France. Les économistes récusent ce chiffre, car il oublie que les immigrés consomment des produits taxés, que l'État perçoit les cotisations patronales assises sur leurs salaires, que la majorité du travail dissimulé est le fait des natifs, que l'argent envoyé au pays contribue au développement.
En réalité, quel est le principe d'un tel chiffrage? Additionner ce que « nous » coûtent les étrangers, les immigrés et leurs enfants (y compris leur coût de scolarisation). « Nous » veut dire les Français d'origine. Cela revient à calculer ce que coûtent 20 % de la population aux 80 % restants. Démarcation impossible. Les comptes de l'État ne différencient pas les contribuables selon l'origine.

Cycle de vie et cycle migratoire

››› Chacun de nous, tour à tour, coûte, rapporte et coûte à nouveau. Au cycle de vie s'ajoute le cycle migratoire. En période de croissance, on fait appel à une main-d'œuvre peu qualifiée, qui finit par s'installer. Mais le pays se désindustrialise, les non qualifiés deviennent « inemployables ». Le niveau d'instruction des immigrés a beau progresser, il reste inférieur à celui des natifs et leur faible taux d'emploi grève les finances publiques. En serait-on là sans les migrations d'antan ? De même que nos sociétés ont allongé la vie sans imaginer le « vieillissement » qui s'ensuivrait, elles ont fait appel à l'immigration en temps de croissance sans anticiper ses effets.

Et le coût de la politique migratoire ?

››› Plus une politique durcit les conditions d'admission, plus elle coûte en contrôles, fichiers, contentieux. La politique migratoire étant un choix, peut-on l'inclure dans le coût de l'immigration comme si elle était le fait des migrants ?

Le temps des comptes, vu des Pays-Bas

››› Extrait d'un dessin de Pieter Geenen intitulé « Homo Economicus », paru dans *Vrij Nederland* le 29 octobre 2011 : « Avant, j'étais nul en économie. Quand je croisais le facteur, un artiste, une vieille dame, un immigré, je trouvais ça sympa. Maintenant, je sais : le facteur est en surnombre, l'artiste vit de subventions, la vieille dame vit trop longtemps, l'immigré n'est plus rentable. Et tout ça avec mes sous ! ».

› › › › › ›

La France serait-elle aussi féconde sans l'immigration ?

Elle reculerait de 0,1 enfant par femme

En France, selon le dernier bilan de l'Insee tiré du recensement et de l'état civil de 2007, les *étrangères* ont mis au monde 104000 enfants sur 820 000, soit 13 % des naissances. Elles ont en moyenne 1,5 enfant de plus que les Françaises (2 de plus pour les non-Européennes). Mais elles représentent à peine 7 % des mères. Ce surcroît pèse donc peu dans le taux de fécondité du pays : sans elles, il serait de 1,9 enfant par femme au lieu de 2. Les minorités les plus fécondes, comme les Maliennes, ne modifient guère la moyenne.

La seconde génération s'aligne sur le reste de la population

Les *immigrées* comprennent la plupart des étrangères, mais aussi des Françaises. Elles contribuent donc davantage aux naissances (146000 sur 820 000, soit 18 %) mais moins à la fécondité (seulement un enfant de plus que les natives). Plus les immigrées sont arrivées jeunes, plus leur fécondité se rapproche de la moyenne nationale. À la seconde génération, l'écart disparaît.

Se méfier des raisonnements fautifs

››› Chaque année, la publication du bilan démographique relance le soupçon : on nous cache le vrai taux de fécondité du pays qui, sans les immigrés, serait bien moindre ! Cette réaction s'accompagne parfois d'un raisonnement fautif. Si une naissance sur six est liée à l'immigration, cela réduirait mécaniquement d'1/6 le taux de fécondité des femmes d'origine française. Or il n'en est rien.

Prenons l'exemple simple d'un groupe de six femmes ayant chacune deux enfants. Supposons que l'une d'elles est immigrée. Elle contribue pour 1/6 aux naissances du groupe. Mais elle ne change strictement rien au taux de fécondité, puisque les autres femmes ont elles aussi deux enfants. Mathématiquement, une minorité peut apporter à la fois une *forte contribution aux naissances* et une *contribution faible, voire nulle, à la fécondité*.

Sans l'immigration,
la position de la France serait inchangée en Europe

››› Sans l'immigration, la France resterait plus féconde que les pays voisins car les écarts entre natifs et immigrés ont partout les mêmes effets. En Angleterre, Allemagne, Suisse, Italie, Espagne, les immigrées ont plus d'enfants que la moyenne nationale (0,3 à 1 enfant de plus), tandis que les natives en ont presque autant (0,1 à 0,2 de moins). C'est la fécondité des Françaises qui devrait étonner : pourquoi est-elle si soutenue ? Mais c'est là un autre sujet…

›››››››

Quels critères d'intégration ?

Critères individuels et critères statistiques

Il importe de ne pas confondre les exigences à remplir par les individus et les indicateurs mesurant l'intégration d'un groupe. Le législateur tend à fixer des critères individuels d'intégration : absence de condamnation, niveau minimum de ressources, pratique de la langue, abandon des coutumes qui violent les droits de la personne (polygamie, excision, mariage forcé, crime d'honneur…) ou qui brisent la convivialité de l'espace public (voile intégral).

Impossible, en revanche, de prescrire à un immigré qu'il fasse un mariage mixte, oublie sa langue maternelle, coupe les liens avec le pays natal, modifie sa pratique religieuse ou rapproche son salaire de la norme. Ce sont là de bons indicateurs d'intégration mais seulement à l'échelle collective.

Pas de critères universels

Ces critères varient selon les milieux. Les auteurs américains citent souvent comme facteurs d'intégration l'engagement associatif ou l'achat d'un logement. En France, cela laisserait de côté 40 % de la population !

S'intégrer, certes, mais dans quel segment de la société ? Des auteurs américains parlent d'intégration ou d'assimilation « segmentée » : selon leurs ressources, les immigrés s'insèrent dans des types d'habitat, d'emploi ou de vie sociale très différenciés, qui reflètent les fractures de la société d'accueil.

Dire ce qui allait sans dire : le contrat d'accueil et d'intégration

››› Depuis 2006, les nouveaux arrivants doivent « conclure avec l'État un contrat d'accueil et d'intégration » (CAI). Un sur deux environ signe le contrat. Outre une journée de formation civique, l'État offre des cours de langue très prisés des conjoints de Français.
Le CAI s'inspire-t-il du *Contrat social* (1762) de Rousseau ? En fait, ce dernier précisait que la clause unique du contrat (échanger ses droits particuliers contre une citoyenneté garantie par la loi) était « tacitement admise ».

Que donnerait la « règle d'or » de la réciprocité ?

››› Nul ne peut exiger d'autrui ce qu'il n'exige pas de lui-même. C'est la « règle d'or » de la philosophie morale de Kant (1724-1804) : « Agis de façon que la maxime de ta volonté puisse toujours valoir comme principe d'une loi générale ». Appliquée à l'intégration, elle soulève des questions de fond. Peut-on imposer à l'étranger un contrat d'intégration qu'on ne s'impose pas à soi-même ? Lui demander de « mériter » d'être Français quand la plupart des nationaux se sont seulement donné la peine de naître ? Exiger des seuls étrangers qu'à tout âge ils rapportent plus qu'ils ne coûtent ? Ou bien (pour citer un exemple réel) refuser la citoyenneté à un fonctionnaire international algérien au motif que ses enfants étudient dans une grande université américaine, alors qu'une partie de l'élite française ne rêve que de ça ?

››››››

L'intégration en panne?

Trois indices forts...

1. L'enfant de deux immigrés sort plus souvent du système scolaire sans diplôme que l'enfant de deux natifs (10,7 % contre 6,1 % en 2005).
2. Le taux de chômage parmi les immigrés non européens est 2,5 fois supérieur à celui des natifs.
3. Selon le volet carcéral de l'enquête Famille de 1999, quatre détenus sur dix avaient un père né à l'étranger. Le risque de détention était, au même âge, deux fois plus élevé pour les immigrés, voire trois fois plus pour ceux originaires d'Afrique ou d'Europe orientale.

... à examiner de près

1. Une fois pris en compte la catégorie sociale et le niveau d'instruction des parents, le taux d'échec scolaire des enfants d'immigrés ne dépasse pas la moyenne. Il ne dépend pas des origines mais du cumul des handicaps sociaux.
2. Le surcroît de chômage des immigrés tient d'abord au manque de formation. Mais la discrimination à l'embauche aggrave le phénomène : au même âge et à diplôme égal, le chômage des immigrés reste supérieur à la moyenne.
3. Le risque accru d'incarcération subsiste une fois qu'on prend en compte les origines sociales et les effets propres de la législation sur les étrangers. C'est le signe d'une désagrégation sociale plus forte parmi les première et seconde générations.

L'intégration, un défi qui dépasse la question de l'immigration

››› En baisse depuis 2008, le taux de chômage des immigrés non européens a rebondi avec la crise de 2009. Les écarts entre groupes sont impressionnants mais pas plus qu'entre les catégories sociales : les ouvriers qualifiés sont trois fois plus au chômage que les cadres, les ouvriers non qualifiés cinq fois plus. Du coup, pour un immigré, comment s'intégrer à une société en mal d'intégration ?

Taux de chômage des natifs et des immigrés en France (en %)

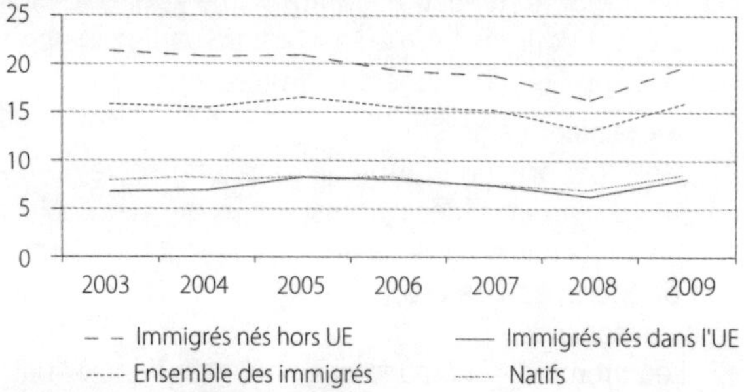

Source : Insee, *Enquêtes emploi 2003-2009.*

Les Français issus de l'immigration : un bilan contrasté

››› L'enquête du Cevipof auprès des Français issus de l'immigration (2005) atteste leur esprit d'entreprise et leur loyauté à la nation. Mais ils sont moins bien inscrits sur les listes électorales, moins ouverts aux mariages mixtes, plus souvent antisémites, et ces traits s'accentuent avec la réislamisation des 18-24 ans. L'enquête Trajectoires et origines (2008) confirme que l'intégration n'avance pas du même pas selon les domaines. La seconde génération se sent plus discriminée que la première, parce qu'elle prend logiquement pour référence la société française et non plus le pays d'origine.

@ vous la parole

››› *Existe-t-il des pays en Europe dans lesquels les étrangers ont le droit de vote aux élections locales ?**

‹‹‹‹‹ Le traité de Maastricht, signé en 1992, a introduit le droit pour les citoyens de l'Union européenne (UE), qui résident dans un État membre dont ils n'ont pas la nationalité, de voter et de se présenter (éligibilité) aux élections municipales dans cet État, dans les mêmes conditions que les nationaux.

Pour les étrangers originaires d'un pays situé hors de l'UE, la situation est différente. Quinze pays membres de l'UE ont octroyé le droit de vote aux étrangers non communautaires. Depuis 1963, l'Irlande leur accorde le droit de vote aux élections locales et sans durée minimale de résidence depuis 1992. Depuis 1974, ils ont aussi le droit d'être éligibles. La Belgique, le Danemark, l'Estonie, la Finlande, la Hongrie, la Lituanie, le Luxembourg, les Pays-Bas, la Slovaquie, la Slovénie et la Suède octroient le droit de vote aux résidents non communautaires installés depuis plusieurs années sur leur territoire. Trois États accordent le droit de vote aux élections locales seulement aux ressortissants de certains pays, en particulier en provenance de leurs anciennes colonies, parfois avec des conditions de durée de résidence et de réciprocité : le Royaume-Uni aux Irlandais et aux citoyens du Commonwealth (54 États membres), le Portugal notamment aux Brésiliens et aux Cap-Verdiens, l'Espagne par exemple aux ressortissants de plusieurs pays d'Amérique latine.

L'Allemagne, l'Autriche, la Bulgarie, Chypre, la France, l'Italie, la Lettonie, la Pologne et la Roumanie s'opposent au droit de vote des étrangers non communautaires. La République tchèque et Malte envisagent la possibilité de conclure des accords bilatéraux pour autoriser le vote de certains ressortissants. En Grèce, une loi votée en mars 2010, qui a autorisé les étrangers à voter aux municipales de novembre suivant, a été jugée inconstitutionnelle.

* Les réponses ont été rédigées par l'équipe éditoriale et révisées par l'auteur.

››› *Quelles sont les différentes cartes de séjour temporaire pour les ressortissants de pays non membres de l'Union européenne?*

‹‹‹‹‹ Les cartes de séjour temporaire sont délivrées aux étrangers non communautaires, sauf exception, pour une durée d'un an renouvelable. Pour en bénéficier, le demandeur doit être entré en France muni d'un visa de long séjour (plus de trois mois). Elles peuvent être accordées pour différents motifs.

La carte « vie privée et familiale » est délivrée de plein droit, sous certaines conditions, aux étrangers non européens justifiant d'attaches personnelles et familiales en France. Elle donne droit à l'exercice d'une activité professionnelle sur l'ensemble du territoire métropolitain.

Pour bénéficier d'une carte de séjour mention « visiteur », le demandeur doit justifier de moyens d'existence suffisants et s'engager à n'exercer en France aucune activité professionnelle.

La carte de séjour mention « étudiant » ou « stagiaire » est délivrée à la personne venue faire des études ou un stage en France et disposant de revenus suffisants.

La carte mention « scientifique » peut être accordée aux titulaires d'un diplôme au moins équivalent au master, qui viennent en France pour mener des travaux de recherche ou dispenser un enseignement de niveau universitaire. Le scientifique doit présenter une convention d'accueil signée avec un organisme de recherche ou d'enseignement supérieur agréé à cet effet.

La carte de séjour mention « profession artistique et culturelle » requiert un contrat de plus de trois mois avec une entreprise culturelle.

La carte « salarié » ou « travailleur saisonnier » est accordée à l'étranger entré en France muni d'un contrat de travail visé par les services compétents de la Direccte (direction régionale des entreprises, de la concurrence, de la consommation, du travail et de l'emploi).

Depuis 2011, les étrangers hautement qualifiés peuvent bénéficier, sous certaines conditions, d'une carte de séjour « carte bleue européenne », d'une durée de validité maximale de trois ans. Elle autorise l'exercice d'une activité professionnelle.

À côté des cartes de séjour temporaire, il existe la carte de résident (dix ans), la carte « compétences et talents » (trois ans) et la carte de séjour « retraité » (dix ans).

››› *La maîtrise de la langue française est-elle une condition pour obtenir un titre de séjour ?*

‹‹‹‹‹ En tant que telle, ce n'est pas une condition. Néanmoins, depuis 2007, un contrat d'accueil et d'intégration (CAI) est signé entre l'État et tout migrant âgé de plus de 18 ans, si ce dernier est bénéficiaire du regroupement familial (et donc d'une carte de séjour « vie privée et familiale »), membre étranger de famille française, réfugié statutaire et membre de leur famille, ou apatride et membre de leur famille et désirant s'installer durablement sur le territoire français à l'exception des demandeurs d'asile. Ce CAI est signé pour une durée d'un an. Outre son engagement à respecter les principes de la République, le migrant doit, le cas échéant, acquérir une certaine connaissance de la langue française.

Son niveau linguistique est évalué par l'Office français de l'immigration et de l'intégration (OFII) afin de lui faire bénéficier éventuellement d'une formation adaptée. En signant le CAI, le migrant s'engage à suivre cette formation s'il en a besoin. Celle-ci est gratuite et peut aller jusqu'à 400 heures de cours. Elle a lieu dans les centres de formation de l'OFII implantés dans chaque département. À son issue, le migrant passe un nouveau test et, s'il le réussit, reçoit le diplôme initial de langue française.

››› *Y a-t-il beaucoup de délinquants parmi les immigrés ?*

‹‹‹‹‹ Des données régulières existent sur les crimes et délits commis par les *étrangers* (critère de nationalité). Selon l'Office national de la délinquance, 40 % des étrangers mis en cause pour des crimes ou délits non routiers le sont pour infraction à la législation sur les étrangers. En dehors de ces infractions, ils représentent 13 % des personnes mises en cause en 2010. Ce pourcentage s'élève fortement dans certaines catégories de délits : selon le rapport 2010 de l'Office central pour la répression de la traite des êtres humains (OCRTEH), repris dans le rapport d'information au Parlement de 2001 sur la prostitution, 64 % des proxénètes sont étrangers. L'interpellation pour trafic de stupéfiants, qui s'opère surtout aux frontières, implique près de 30 % d'étrangers.

Concernant les *immigrés*, c'est-à-dire les personnes nées étrangères à l'étranger et dont 40 % sont devenues françaises, les données sont exceptionnelles. Les statistiques courantes des forces de police et de gendarmerie concernant des personnes mises en cause dans des crimes et délits ne relèvent que trois caractéristiques : le sexe, le statut (majeur ou mineur) et la nationalité (étrangère ou française). Les dernières données disponibles sont celles de l'enquête Histoire familiale menée en 1999 par l'Insee et l'Ined auprès de 380000 personnes, dont une partie auprès d'un échantillon représentatif de 1720 détenus, avec l'accord de l'Administration pénitentaire et sous condition d'anonymat. Les résultats ont été publiés en avril 2000 (*Insee-première*, n° 706). Ils montrent que les hommes nés à l'étranger sont, à âge égal, deux fois plus nombreux en prison que dans l'ensemble de la population : 24 % contre 13 % (*cf. L'intégration en panne?*, p. 64). Cette surreprésentation des immigrés est analogue à celle que l'on trouve dans d'autres pays européens.

››› *Qui sont les demandeurs d'asile en France? Combien sont-ils?*

‹‹‹‹‹ En 2010, les principaux pays d'origine des demandeurs d'asile étaient le Kosovo (3267 demandeurs, hors mineurs accompagnants et réexamens), le Bangladesh (3 061), la République démocratique du Congo (2 616), la Russie (2 424), le Sri Lanka (2 265), suivis par la Chine (1 805), la Guinée (1712), Haïti (1 500), l'Arménie (1 278) et la Turquie (1 240) (source : Office français de protection des réfugiés et des apatrides-Ofpra). 57 % des primo-demandeurs (première demande) proviennent de ces dix pays. Par continent, 35 % sont originaires d'Afrique, 31 % d'Europe, 28 % d'Asie et 5 % du continent américain.

En 2010, l'Ofpra a enregistré au total 52762 demandes, dont 36931 premières demandes d'adultes et 11143 de mineurs accompagnants, auxquelles s'ajoutent celles de réexamen.

››› *À qui la France octroie-t-elle le statut de réfugié?*

‹‹‹‹‹ En 2010, l'Ofpra a accordé le statut de réfugiés ou la protection subsidiaire à 5096 personnes, soit un taux d'admission de 13,5 % des demandes traitées au cours de l'année. Après recours, la Cour nationale du droit d'asile (CNDA) a annulé 5244 décisions de rejet de l'Ofpra. Au total, ce sont donc 10340 personnes qui ont obtenu la protection de la France en 2010, soit un taux global d'admission de 27,5 % des demandes examinées en 2010. Les principales nationalités admises au statut de réfugié ont été le Sri Lanka (17,1 % du total des statuts accordés), la Russie (13,4 %), la République démocratique du Congo (6,9 %), la Turquie (5,7 %), le Bangladesh (4,4 %). Ces cinq nationalités représentent près de la moitié des statuts accordés.

››› *Qu'est-ce qu'un centre de rétention?*

‹‹‹‹‹ Le placement en rétention est une privation de liberté spécifique pour les étrangers en situation irrégulière, en attente d'éloignement du territoire, qui sont enfermés dans des locaux distincts des prisons. Ces lieux sont surveillés par la police ou la gendarmerie.

Le rapport 2010 des cinq associations – ASSFAM, Forum Réfugiés, France Terre d'Asile, la Cimade et Ordre de Malte –, autorisées à entrer dans ces centres de rétention administratifs (CRA), en dénombre 22 sur le territoire français. S'y ajoutent six locaux de rétention administrative. Le nombre des retenus en métropole et en Guyane a doublé de 2000 à 2007; il oscille depuis lors autour de 34000 par an. 42 % des retenus sont éloignés de force, 30 % sont libérés par la justice et 26 % par l'administration.

L'adoption en 2008 de la directive européenne dite « retour » limite, pour toute l'Union européenne, la durée de la rétention à six mois maximum extensible de douze mois supplémentaires dans certains cas, soit au total dix-huit mois. En France, la durée maximale de rétention a été portée de 32 à 45 jours en 2011, mais reste la plus courte en Europe. En 2010, selon le rapport des cinq associations, la durée moyenne de rétention a été de 10 jours.

Le juge des libertés et de la détention vérifie si les conditions d'interpellation ont respecté l'ensemble des règles du Code de procédure pénale et si l'étranger interpellé a eu effectivement connaissance de ses droits. Il peut décider de libérer la personne ou de la maintenir en rétention ou en zone d'attente. Cette décision est susceptible d'un recours devant une cour d'appel. Le Contrôleur général des lieux de privation de liberté (CGLPL) effectue des visites impromptues dans les centres de rétention. Dans ses rapports et ses avis, il souligne l'inadaptation de certains locaux et appelle au respect de la liberté de communication et de la vie de famille.

››› *Comment est-il possible que des personnes sans papiers travaillent et paient des impôts en France ?*

‹‹‹‹‹ Selon les sources, on estime le nombre des « sans-papiers » (étrangers en situation irrégulière) vivant en France entre 200 000 et 400 000. Ces personnes peuvent être entrées clandestinement en France, ou tout à fait légalement mais sont restées sur le territoire français après l'expiration de leur visa, titre de séjour, ou à la suite du rejet de leur demande d'asile.

L'absence de titre de séjour leur interdit l'accès à un travail, mais ils peuvent cependant bénéficier de l'AME (aide médicale de l'État).

Les « sans-papiers » occupent souvent des emplois de façon clandestine, principalement dans l'hôtellerie-restauration, dans les emplois saisonniers de l'agriculture, dans la confection et les emplois à domicile. Un employeur qui fait travailler un étranger irrégulièrement encourt une peine de cinq ans d'emprisonnement et 15 000 euros d'amende par étranger clandestin employé. Il risque également l'exclusion des marchés publics. En outre, depuis la loi de finances pour 2011, la contribution spéciale due à l'OFII par les entreprises employant des sans-papiers est passée de 3 360 euros par salarié à 16 800 euros, puis 84 000 euros si l'entreprise est récidiviste.

En situation de travail dissimulé, les sans-papiers ont droit toutefois à une indemnité de rupture au moins égale à six mois de salaire. Lorsqu'ils ont des faux papiers, ils peuvent faire une déclaration de revenus. Elle servira de preuve, parmi d'autres, de leur présence en France en cas de régularisation ultérieure.

Bibliographie et sitothèque

- **C. ATTIAS-DONFUT, F.-C. WOLFF,**
  Le Destin des enfants d'immigrés : un désenchaînement des générations, Paris, Stock, 2009.
- **O. CLOCHARD (dir.),**
  Atlas des migrations en Europe. Géographie critique des politiques migratoires, Paris, Armand Colin, 2009.
- **F. HÉRAN,**
  Le Temps des immigrés. Essai sur le destin de la population française, Paris, Seuil/La République des idées, 2007.
- **Secrétariat général du comité interministériel de contrôle de l'immigration,**
  Les orientations de la politique de l'immigration, 7e rapport au Parlement, mars 2011 (données complètes jusqu'en 2008, provisoires pour 2009).
- **M. TRIBALAT,**
  Les Yeux grands fermés. L'immigration en France, Paris, Denoël, 2010.
- **C. WIHTOL DE WENDEN,**
  Atlas mondial des migrations, Paris, Autrement, 2009.
- **C. BEAUCHEMIN, C. HAMEL, P. SIMON,**
  « Trajectoires et origines : enquête sur la diversité des populations en France. Premiers résultats », *Documents de travail*, n° 168, Paris, Ined, oct. 2010.
  Disponible sur www.ined.fr/fr/publications/documents_travail/bdd/publication/1516
- **P. BREUIL-GENIER, C. BORREL, B. LHOMMEAU,**
  « Les immigrés, les descendants d'immigrés et leurs enfants », *France, portrait social*, Paris, Insee, 2011.
  Disponible sur http://insee.fr/fr/themes/document.asp?reg_id=0&ref_id=FPORSOC11d_VE22Immig

- **EUROSTAT (Commission européenne),**
  Migrants in Europe. A statistical portrait of the first and second generation, Luxembourg, 2011 (uniquement en anglais).
  Disponible sur http://epp.eurostat.ec.europa.eu/portal/page/portal/product_details/publication?p_product_code=KS-31-10-539
- **S. MÉNARD, S. PAPON,**
  « Le devenir des étudiants étrangers en France », *Infos migrations*, n° 29, novembre 2011, secrétariat général à l'Immigration et à l'Intégration, département des statistiques, des études et de la documentation.
  Disponible sur www.immigration.gouv.fr/IMG/pdf/infos-migrations_29.pdf

Imprimerie de la Direction de l'information légale et administrative
N° 503126904-000112 – Dépôt légal : janvier 2012
PEFC 10-31-2190 IMPRIM'VERT®